RELATIONS INTERNATIONALES

Revue trimestrielle d'histoire

N° 190

Été (juillet-septembre) 2022

NOUVELLES RECHERCHES

Catherine Nicault, *Introduction*	3
Cosima Flateau, *Vice-consuls et négociants à Alexandrette : enjeux stratégiques et identitaires (1860-1945)*	9
Stelios Moraïtis, *Violences, réfugiés et diplomatie humanitaire à Smyrne en contexte de guerre (septembre 1922)*	27
Tanguy de Wilde d'Estmael, *Léopold II, roi des Belges et souverain du Congo : une figure historique confrontée aux mythes mémoriels*	45
Pauline Cherbonnier, *Le bureau d'aide militaire à l'armée togolaise. Genèse, composition, missions, scandales*	65
Anna Rouffia, *La Basse-Normandie et la Norvège : échecs et réussites d'une diplomatie régionale (1979-2015)*	81
Sergio Molina García, *La pêche et la construction européenne : l'Espagne, la France et les négociations d'adhésion (1977-1982)*	99
Sophie Marineau, *Évolutions du soutien national et international à Boris Eltsine (1992-1999)*	117
Résumés – Abstracts	133

Notes de lecture

Léon Bourgeois et la paix, de Maurice Vaïsse (dir.) (Georg Kreis)	139
Israelpolitik: German–Israeli Relations, 1949–1969, de Lorena De Vita (Dominique Trimbur)	141
The Intermarium as the Polish-Ukrainian Linchpin of Baltic-Black Sea Cooperation d'Ostap Kushnir (dir.) (Adrien Nonjon)	143
Economic and Social Perspectives on European Migration, de Francesca Fauri, Debora Mantovani et Donatella Strangio (Régine Perron)	146

Prochain numéro
Les monnaies pendant la Seconde Guerre mondiale

Introduction

Voici le numéro que la revue *Relations internationales* réserve traditionnellement chaque printemps aux « Nouvelles recherches ». Comme les précédentes, cette livraison se caractérise par la diversité des thématiques abordées, mais contrairement aux « Nouvelles recherches » de l'an passé, les lauréats et des candidats des Prix de Master et de thèse Jean-Baptiste Duroselle attribués en 2021 sont cette fois au rendez-vous. C'est avec le plus grand plaisir que nous leur refaisons place alors que la crise sanitaire nous avait obligés à renoncer à leur participation en 2020, faute d'avoir pu organiser le Prix. Cette cuvée comporte ainsi sept articles des plus divers, dus à des auteurs français, belges et espagnol, et s'ils portent en grande majorité sur le XXe siècle, deux d'entre eux remontent au siècle précédent, en particulier celui de Cosima Flateau qui se penche sur ces intermédiaires que furent les négociants levantins d'Alexandrette entre Occident et Levant, de 1860 à 1945.

Dans cette « échelle » méditerranéenne comme dans les autres, des Levantins à l'identité « hybride » jouent en effet, à la fin de l'époque ottomane, un rôle clé dans la défense et la promotion des intérêts économiques des puissances européennes. Ces puissances, en particulier la France et le Royaume-Uni, voient bien l'intérêt, en effet, de confier de façon répétée à des membres de ces riches familles d'origine européenne (française ou italienne) mais pleinement insérées dans les milieux d'affaires locaux, des fonctions vice-consulaires, d'autant que celles-ci, qui apportent du prestige et des opportunités, ne sont pas rémunérées. L'intérêt de l'analyse, fondée sur une quantité impressionnante d'archives, repose largement sur une étude sociale fouillée de certaines de ces dynasties familiales, les Catoni et les Levante en particulier. Ainsi peut-on saisir comment ce système put perdurer, non sans aléas bien sûr, dans les décennies agitées qui vont de la Première Guerre mondiale à la Seconde Guerre mondiale, marquées non seulement par ces conflits mais aussi par la naissance tourmentée de l'État turc, la cession du sandjak d'Alexandrette à la Syrie mandataire, puis son retour dans le giron turc.

L'article de Stelios Moraïtis a lui aussi pour cadre la Méditerranée orientale, mais il s'attache, dans un esprit qui tient de la micro-histoire, aux événements dramatiques de septembre 1922 à Smyrne, réalisant une étude de cas qui montre très précisément comment la diplomatie humanitaire vient se mêler aux enjeux de la sortie de guerre en Anatolie et des futures négociations de paix entre les Alliés et la nouvelle Turquie. Après la mise en place du contexte « compliqué » – la grande instabilité politique et les violences exercées contre les communautés ethno-confessionnelles en Anatolie après la défaite de l'Empire ottoman à l'occasion du mouvement insurrectionnel dirigé contre l'occupation étrangère puis contre le traité de Sèvres (1920) et de la guerre gréco-turque (1919-1922) – la focale est placée sur Smyrne, grand port évacué par l'armée grecque vaincue et ravagé par un gigantesque incendie les 13 et 14 septembre. Dès lors se pose la question humanitaire aux responsables diplomatiques et militaires occidentaux sur place, et d'abord aux Français qui, parmi les occupants, sont les mieux vus des autorités turques. Ces responsables se trouvent en effet placés devant l'obligation pratique et morale de mettre d'urgence en sécurité des milliers de citadins grecs, auxquels, pour bon nombre d'entre eux, ils ont déjà dû accorder un asile précaire dans leurs établissements face à des troupes turques pressées de pousser dehors les forces alliées qui les protègent. Or impossible de compter sur les organisations caritatives privées dont la victoire de Mustafa Kemal restreint la latitude d'action ni sur leurs gouvernements qui n'ont aucune envie d'assurer la protection des réfugiés. Ils se lancent donc dans une « diplomatie consulaire » dont une analyse très fine du jeu des différents acteurs, militaires et diplomatiques, montrent les ressorts, entre les contraintes locales, leurs fonctions et les consignes reçues qu'ils sont amenés à outrepasser.

La problématique de fond de l'article que Tanguy de Wilde d'Estmael consacre à Léopold II, roi des Belges et souverain du Congo, est en prise directe avec une certaine actualité qui concerne éminemment notre discipline. On sait combien les hommages rendus à certains « grands hommes » du passé excitèrent ces dernières années la vindicte de militants antiracistes qui ne retiennent de leurs parcours, en les détachant du temps et du contexte, que leurs positions sur l'esclavage, la traite ou l'exploitation des populations coloniales, et qui entendent effacer leur présence dans l'espace public et la mémoire collective en s'attaquant notamment à leur statuaire. Or Léopold II, accusé des crimes commis à la fin du XIXe siècle dans sa colonie personnelle du Congo à l'encontre de la population africaine, a fait, entre autres, les frais de ces mouvements radicaux. Tanguy de Wilde d'Estmael se livre donc à une mise au point salutaire, s'employant à rappeler la complexité des êtres et des choses et les pièges de l'anachronisme. Il replace Léopold, convaincu, comme la plupart de ses contemporains, de la supériorité de la civilisation européenne et passionné d'exploration, dans la mentalité de son temps. Il rappelle les mérites d'un souverain constitutionnel à la fois ambitieux et prudent en politique étrangère, lucide sur les failles de la neutralité et veillant à ce que la petite Belgique dispose des moyens de se défendre le cas échéant. Il est responsable, certes, des abus commis au Congo, mais il n'en a pas été l'instigateur et en a été meurtri. Du reste, conclut l'auteur, le Roi est aussi l'objet d'une légende rose, parfois distrayante, mais toute aussi fausse que sa légende noire.

Avec l'article de Pauline Cherbonnier, on reste en Afrique, mais dans un Togo indépendant depuis avril 1960, où l'ancienne puissance coloniale, la France, a bien l'intention, comme ailleurs dans son ancien Empire africain, de « partir en restant ». Le concept de Coopération en fournit le moyen. Il s'agit ici de la Coopération militaire qui permet à la France d'aider ses ex-colonies africaines à mettre sur pied leurs forces armées aux lendemains de leur indépendance. Fondée sur des accords de défense et d'assistance bilatéraux (à ne pas confondre avec les accords de Défense tout court), l'Assistance militaire technique (AMT) passe par des Bureaux d'aide militaire (BAM). C'est le cas au Togo, qui a des raisons de se sentir menacé par le Ghana voisin de N'Krumah et la subversion communiste, comme ailleurs dans l'ancienne Afrique française, moyennant quelques singularités. Mais l'exercice de ce type de coopération est particulièrement délicat du côté français car il ne faut pas donner prise à des accusations d'ingérence dans les affaires intérieures des États aidés ; cela compromettrait la mission du BAM local et nuirait d'une façon générale à l'image de la France. Or, c'est précisément ce qui se passe au Togo où des rumeurs font état d'une implication des officiers français du BAM dans le coup d'État militaire qui renverse et assassine le président Sylvanus Olympio en janvier 1962...

Changement total de décor et de problématique avec l'article d'Anna Rouffia qui s'inscrit dans le courant historiographique illustré par le numéro thématique consacré en 2019 par Michel Catala et Birte Wassenberg aux « Pouvoirs locaux et régionaux dans les relations internationales »[1]. Après avoir entretenu, du XIe siècle aux années 1970, un « mythe Viking », la région Basse-Normandie se signale par la mise en place de « véritables » pratiques diplomatiques en direction d'un État étranger, la Norvège en l'occurrence, donnant corps à des initiatives locales à destination éducative, culturelle ou économique : ouverture d'une section norvégienne au lycée Alain Chartier de Bayeux ; création d'un Office franco-norvégien d'échanges et de coopération (OFNEC) à Caen ; tenue d'un festival de culture nordique, les Boréales de Normandie ; jumelage de la région Basse-Normandie avec le Hordaland norvégien que réunit leur vocation halieutique. L'analyse de chacune de ces réalisations et de leurs acteurs est l'occasion d'examiner s'il y a vraiment lieu de conclure, en l'espèce, à l'existence d'une « diplomatie territoriale » autonome par rapport aux autorités nationales. La réponse est assez nettement que la diplomatie nationale, en France en tout cas, prévaut largement, mais que

---

1. *Relations internationales*, 2019/3, n° 179.

la diplomatie territoriale peut malgré tout remporter certaines victoires limitées en usant de diverses stratégies de contournement que Birte Wassenberg avait pu déjà identifier dans d'autres contextes.

C'est à faire un peu d'histoire de la construction européenne que nous convie ensuite Sergio Molina García par le détour original de la question de la pêche, source de tant d'incidents, parfois violents, et d'âpres négociations de 1977 à 1982, en particulier entre la France, État-membre de l'Europe depuis l'origine, et l'Espagne candidate à l'entrée dans la CEE. Des facteurs objectifs expliquent l'acuité de ces tensions franco-espagnoles : l'importance sociale du secteur dans l'économie de l'Espagne et singulièrement du Pays basque, région frontière entre les deux pays, et la forte consommation de produits de la mer importés de France par les Espagnols ; l'entrée du Royaume Uni dans la CEE en 1973, sans que la France ait l'accès à ses eaux ; la pauvreté des eaux espagnoles, toutes proches d'un golfe de Gascogne autrement plus poissonneux où les pêcheurs basques opéraient depuis longtemps, tout à coup interdites en principe par l'adoption, en 1976, de la notion de Zone économique exclusive (ZEE) pour les États-membres jusqu'à 200 milles marins de leurs côtes. Le dépôt par le gouvernement d'Adolfo Suarez de la candidature de son pays à l'entrée de la CEE en 1977 exacerbe encore la tension, puisque cette candidature devait, pour aboutir, passer par un accord franco-espagnol sur la pêche (ainsi que sur les produits agricoles et la métallurgie). Les années 1977-1982 sont donc celles aussi d'une intense bataille diplomatique entre Madrid, qui cherche sans succès à traiter avec les autorités européennes et non pas françaises, et Paris qui tient pour une négociation strictement bilatérale, sur fond de mésentente chronique entre le gouvernement d'Adolfo Suarez et le président Giscard d'Estaing, au sujet notamment du terrorisme basque. L'arrivée au pouvoir de François Mitterrand en France en 1981 permet de trouver un compromis et donc de débloquer la question de l'entrée de l'Espagne dans la CEE. Tout cela n'augure pas très bien d'une possible reprise de la querelle franco-espagnole dans le golfe de Gascogne après le Brexit et la fermeture relative des eaux britanniques aux bateaux de pêche français.

Sophie Marineau nous invite enfin à tourner nos regards vers la présidence de Boris Eltsine dans la Fédération de Russie. Comment comprendre le déclin, pour ne pas dire plus, attesté par les sondages, de la courbe de popularité de leur président auprès des Russes dans le cours de la décennie 1990 et au contraire, le maintien dans le même temps de la confiance et du soutien, moral et financier, de l'Union européenne et des États-Unis à son égard ? Les causes de l'impopularité d'Eltsine sont sans grand mystère : des réformes réalisées, les Russes voient surtout les effets inflationnistes et les retombées que sont le chômage et l'explosion de la pauvreté ; ils condamnent aussi très largement la guerre en Tchétchénie à partir de décembre 1994 ; enfin, les problèmes manifestes de santé d'Eltsine et, ajouterons-nous, son alcoolisme patent nuisent à la dignité de sa fonction et ruinent la figure d'homme fort qui était la sienne au début de la décennie. Laissons au lecteur le soin de découvrir les moins évidentes motivations occidentales à soutenir envers et contre tout Eltsine, que Sophie Marineau tire d'une exploration intéressante des archives du Parlement européen. Mais, considérant qu'il en allait, pensait-on alors, de la stabilité et de la sécurité du continent européen face à un retour redouté du communisme en Russie, les dirigeants de l'UE et des États-Unis avaient-ils réellement les moyens d'un autre choix ? Il est clair en tout cas que l'emprise de Vladimir Poutine sur la population russe plonge ses racines dans cet échec majeur.

Et maintenant, excellente lecture.

Catherine NICAULT

Vice-consuls et négociants à Alexandrette : enjeux stratégiques et identitaires (1860-1945)

Bien qu'éclipsée par des échelles bien plus dynamiques comme Smyrne ou Alexandrie et par la plaque tournante du commerce intérieur qu'est Alep, Alexandrette, petite ville ottomane donnant sur la Méditerranée est, de la fin du XIXe siècle à 1945, au centre d'enjeux diplomatiques majeurs pour les puissances européennes et pour l'Empire ottoman, puis pour la Syrie et la Turquie. Sur place, les intérêts des États européens sont incarnés et défendus par une communauté levantine composée de quelques familles d'origine européenne, qui détiennent les vice-consulats de la ville et ont un quasi-monopole sur l'activité de représentation maritime des grandes compagnies desservant le port. Au fil des générations, ces Levantins se lient étroitement, par les affaires et par les mariages, à la notabilité ottomane, tissant des liens qui résistent, entre les années 1860 et 1945, à tous les soubresauts politiques et économiques que connaît le *sandjak*[1]. C'est à travers le cercle étroit constitué par ces individus, grâce à leurs rapports à leurs autorités de tutelle, à leur engagement dans l'aménagement urbain, dans la vie commerciale et la société locale qu'il est possible de proposer une histoire d'Alexandrette sur le temps long et des intérêts stratégiques et identitaires qu'elle représente pour les États depuis la fin du XIXe siècle, période à laquelle les Levantins se sont installés dans l'échelle, jusqu'à la Seconde Guerre mondiale.

À la fin du XIXe siècle, tout le commerce de la ville est, en effet, quasiment aux mains de quelques familles levantines : les Belfante, les Catoni et les Levante. Elles se sont installées dans l'Empire ottoman dans les années 1860 pour y développer des affaires commerciales et ont adopté à Alexandrette le même métier de « transitaire », c'est-à-dire de représentation de compagnies maritimes, principalement européennes, et d'assurance. Ces dynasties familiales embrassent également des fonctions de représentation consulaire, pour des puissances européennes soucieuses de

---

[1]. Circonscription administrative dans l'Empire ottoman, correspondant approximativement à un département.

renforcer leur présence dans un Empire ottoman où elles ont des intérêts croissants, sans pour autant souhaiter nommer des consuls de carrière qu'il faudrait rémunérer. Deux de ces familles – les Belfante et les Levante – sont d'origine italienne ; la dernière – les Catoni – est d'origine française, corse précisément. Elles font d'Alexandrette leur fief familial et commercial et essaiment des agences sur le pourtour oriental de la Méditerranée. Par leur capacité à s'insérer dans un « entre-deux » entre l'Europe et la société ottomane, les Levantins décontenancent les États-nations qu'ils représentent. Mais cette identité « hybride », à cheval sur l'Europe et sur l'Empire, leur permet de maintenir leurs intérêts économiques et leurs responsabilités diplomatiques par-delà les ruptures politiques et les changements de souveraineté. De fait, ils survivent à trois changements de régime, à une conjoncture économique variable et à deux guerres mondiales.

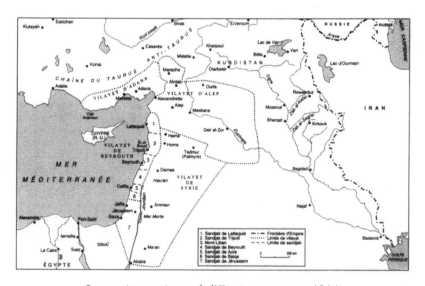

Les provinces syriennes de l'Empire ottoman en 1914

Source : Vincent Cloarec, *La France et la question de Syrie (1914-1918)*, Paris, CNRS Éditions, 2002, p. 45.

LES LEVANTINS, VICE-CONSULS ET TRANSITAIRES À ALEXANDRETTE
À L'ÉPOQUE OTTOMANE (1860-1914)

À partir du milieu du XIXe siècle, le développement de la vapeur contribue à insérer davantage le Levant dans le grand commerce international. Les compagnies maritimes créées par les États européens resserrent les liens commerciaux avec la côte syrienne et libanaise en instaurant des lignes de navigation régulières. La rivalité des puissances au Levant passe par la vitesse, la régularité et les tarifs pratiqués par les compagnies maritimes qui y font escale pour débarquer et embarquer les marchandises. La multiplication des vapeurs conduit aussi à un aménagement des ports, qui doivent s'adapter aux nouvelles conditions de transport, en accueillant des navires de plus gros tonnage, des marchandises et passagers en quantités toujours plus importantes. La géographie des escales et des aménagements urbains contribue donc à exacerber la concurrence entre les ports du Levant : Tripoli, Lattaquié, Beyrouth, Alexandrette doivent à leur tour moderniser leurs ports pour tirer leur épingle du jeu. Le dynamisme économique dépend donc de la capacité des acteurs locaux, européens et ottomans, à s'adapter aux nouvelles exigences des transports. À Alexandrette, les Levantins jouent un rôle clé dans la défense des intérêts économiques des puissances européennes.

Des transitaires levantins qui tiennent le commerce

Tout le commerce qui se fait par ce port se trouve presque en situation de monopole entre les mains de trois ou quatre personnes qui, de ce fait, ont acquis une prépondérance considérable aussi bien dans le monde des affaires que parmi les autorités locales [2].

À la fin du XIXe siècle, Alexandrette devient en effet le centre d'un commerce à plusieurs échelles : avec le reste de l'Empire ottoman (intérieur et Égypte), avec la Méditerranée (Autriche-Hongrie, Italie, France notamment), avec l'Europe (Allemagne, Grande-Bretagne) et le monde. Les compagnies maritimes britanniques, françaises, italiennes, austro-hongroise et ottomanes sont de plus en plus nombreuses à y faire accoster leurs vapeurs, développant les échanges dans une économie-monde en plein essor. Alexandrette est un port d'exportation des produits de l'intérieur de l'Empire : céréales, noix de galle [3], laines et peaux y trouvent leur débouché. Alexandrette est aussi une porte d'entrée de l'Empire pour les produits manufacturés : le port reçoit des filés en provenance des Indes, des cotons et des filés teints venant d'Angleterre, d'Italie et d'Autriche-Hongrie. Dans ce commerce, les Levantins jouent un rôle d'intermédiaire essentiel entre les grands marchands de l'intérieur de l'Empire, d'Alep, en particulier, et les maisons de commerce égyptiennes, européennes ou américaines. Les transitaires s'occupent d'attirer les vapeurs, d'obtenir les aménagements du port et de mettre en relation les commerçants de l'arrière-pays avec clients et fournisseurs. Ils remplissent également une

---

2. Archives du ministère des Affaires étrangères, La Courneuve (ci-après : AMAE-La Courneuve), 5CCC, 2, vice-consul à ministère des Affaires étrangères, Alexandrette, 13 septembre 1900.
3. Excroissances du chêne, avec lesquelles on produit de la teinture.

fonction d'information, les avertissant de l'arrivée et des départs des navires des compagnies maritimes européennes, afin de leur proposer de charger leurs marchandises au plus vite[4], négocient les tarifs de fret[5], s'occupent de décoincer les marchandises bloquées à la douane. Enfin, ils fournissent aux marchands alépins et aux consulats européens des tableaux statistiques sur le commerce du port. Les Levantins installés à Alexandrette à partir des années 1860 parviennent ainsi, en quelques décennies, à se constituer de solides fortunes. Augustin Catoni, à la tête de la principale agence, la Belfante, Catoni, Levante et Cie, née en 1867, est ainsi devenu au début du XXe siècle l'un des plus grands notables de la ville.

En sus de leurs activités de transitaires, les Levantins investissent dans de nombreux secteurs de l'économie de la ville. Ils participent à la production et à la transformation des matières premières destinées à l'exportation, dans des secteurs qui demandent des ressources plus importantes en capital et parfois une expertise technique[6]. Ainsi, au début des années 1870, font-ils installer des machines hydrauliques pour presser le coton avant de l'embarquer à destination de l'Europe ou des États-Unis[7]. Comme dans la plupart des villes levantines, ils prennent une part active à l'aménagement et à la modernisation d'Alexandrette, pour leurs propres intérêts et pour manifester la puissance de la nation étrangère qu'ils représentent[8]. Ces individus, « à la fois propriétaires, négociants, entrepreneurs, agents de bateaux à vapeur, courtiers, commissaires, vice-consuls de plusieurs puissances étrangères et faisant un peu de tout », entretiennent des relations étroites avec la compagnie qui aménage à la fin du XIXe siècle le chemin de fer et le port[9]. Ils contrôlent et surveillent aussi les grands travaux de modernisation urbaine en intervenant dans des commissions spécialisées. Ils se placent ainsi au cœur des activités économiques et des instances de pouvoir de la cité.

Les Levantins d'Alexandrette, agents consulaires des puissances européennes

À la fin du XIXe siècle, la plupart des États européens veulent avoir des représentants à Alexandrette à cause de l'intensification des échanges

4. Archives Poche-Marcopoli (Tübingen) FP/P/L/I/0682, T. Belfante aux Frères Poche, Alexandrette, 5 avril 1913.
5. *Ibid.*, FP/P/L/I/0670, Belfante-Catoni aux Frères Poche, Alexandrette, 11 janvier 1900.
6. Elena Frangakis-Syrett, « British Economic Activities in Izmir in the Second Half of the Nineteenth and Early Twentieth Centuries », *New Perspectives on Turkey*, n° 5-6, 1991, p. 191-227.
7. Archives du Ministère des Affaires étrangères italien (ci-après : AER), Rome, vice-consulat Alexandrette, b.1, Extrait de minute, Alexandrette, 5 mai 1873.
8. Yasemin Avci et Vincent Lemire, « De la modernité administrative à la modernisation urbaine : une réévaluation de la municipalité ottomane de Jérusalem », *in* Nora Lafi (dir.), *Municipalités méditerranéennes. Les réformes urbaines ottomanes au miroir d'une histoire comparée (Moyen-Orient, Maghreb, Europe méridionale)*, Berlin, Klaus Schwartz Verlag, 2005, p. 100.
9. Citation : CADN, Services Techniques, Fonds Beyrouth, 2e versement, 3, M. Caraly à Monsieur Riese, directeur général de la construction du chemin de fer de Bagdad à Francfort, 11 avril 1913.

économiques avec l'Europe. Ils font généralement le choix d'élire pour vice-consuls des commerçants levantins établis dans l'échelle, qu'ils n'ont pas besoin de rémunérer, si bien qu'Alexandrette, à une époque où la carrière consulaire se professionnalise, demeure une place où les Levantins, qui ne sont pas des consuls de carrière, parviennent à conserver leurs prérogatives. Ils ont, pour les puissances européennes, bien des avantages : ils connaissent la société dans laquelle ils sont insérés de longue date, entretiennent des relations continues avec les autorités ottomanes et maîtrisent les langues locales. Ces raisons poussent les puissances européennes à leur confier des responsabilités vice-consulaires sur plusieurs générations, leur permettant de constituer de véritables dynasties [10].

Le cas de la famille Catoni illustre cette transmission patrimoniale de la fonction avant la Première Guerre mondiale [11]. Augustin Catoni, de nationalité française, s'installe à Alexandrette en 1861 et ambitionne de devenir vice-consul d'une puissance européenne étrangère. Dans les années 1870, il accepte les vice-consulats du Portugal, de Suède et de Norvège. En 1877, il est également nommé vice-consul de Grande-Bretagne à Alexandrette et consul à Alep pendant de courtes périodes correspondant à des vacances dans ces postes. Il est alors déchu de sa nationalité française car la France n'autorise pas ses citoyens à accepter des responsabilités consulaires étrangères, et naturalisé citoyen britannique. À sa suite, son fils, Joseph Augustin Catoni, est nommé vice-consul de Grande-Bretagne en 1899. Après la Première Guerre mondiale, le vice-consulat britannique passe entre les mains de son petit-fils, Augustin Joseph Catoni.

La famille Levante illustre également cette transmission patrimoniale des représentations vice-consulaires et le partage des vice-consulats de différentes puissances européennes dans la région au sein de la famille. En effet, Giuseppe Levante (1839-1896), premier membre de la famille à s'installer à Alexandrette, y exerce les fonctions de vice-consul d'Autriche-Hongrie, qu'il transmet à l'un de ses fils, Emilio Levante (1865-1939). Ses deux autres fils, Luigi (1867-1946) et Edoardo (1871-1930) occupent respectivement les fonctions de vice-consul d'Italie et de vice-consul d'Espagne à Alexandrette avant la Première Guerre mondiale. Cette transmission familiale des vice-consulats se poursuit dans l'entre-deux-guerres, profitant de l'extension géographique des affaires commerciales de la famille Levante vers Mersine et Adana. La transmission des fonctions indique un « héritage de services » [12] : une préférence dans le recrutement est donnée aux fils, auxquels sont accordées les qualités de

---

10. Antoine Gautier, « Les drogmans des consulats », *in* Jörg Ulbert et Gérard Le Bouëdec (dir.), *La Fonction consulaire à l'époque moderne*, Rennes, PUR, 2006, p. 85-103 ; Antoine Gautier et Marie de Testa, « Quelques dynasties de drogmans », *Revue d'Histoire Diplomatique*, 1991, vol. 105, n° 1-2, p. 14-44.
11. Christian Windler, *La Diplomatie comme expérience de l'autre. Consuls français au Maghreb (1700-1840)*, Genève, Droz, 2002, p. 43.
12. *Idem.*

l'ancienneté ou du mérite, qui priment sur une formation spécifique alors inexistante.

Grâce à leur métier de transitaires et à leurs relations locales, ces vice-consuls levantins remplissent à merveille leurs tâches consulaires touchant au commerce. Ils sont des sources de renseignements essentielles pour les consulats. Par leurs relations avec des commerçants ottomans et levantins de l'arrière-pays et leurs voyages d'affaires, ils sont les premiers au courant des tendances saisonnières en matière agricole ; grâce à leurs relations avec l'Europe, ils sont les premiers avisés de l'ouverture de nouvelles lignes régulières de paquebots dans les ports du Levant. Au titre de leurs fonctions vice-consulaires, ils offrent leur protection aux commerçants nationaux et aux protégés des consulats face à d'autres commerçants et aux autorités ottomanes. Ils assistent également leurs nationaux et protégés dans les nouveaux tribunaux de commerce mis en place à la fin du XIXe siècle, ou dans les cours de justice mixtes qui en font office. Enfin, ils font la promotion du commerce de la nation qu'ils représentent.

Joseph Catoni, vice-consul de Grande-Bretagne, s'attelle ainsi avec énergie au développement du commerce britannique sur la côte orientale de la Méditerranée. Il parvient à persuader James Knott, puissant armateur de Newcastle, d'établir, entre l'Angleterre et la Syrie, une ligne directe et régulière de vapeurs qui connaît un vif succès. C'est aussi à son initiative que les directeurs de la *Prince Line*, dont il est l'agent à Alexandrette, créent la Syrian Trading Company Limited dans le but d'accorder aux commerçants syriens les mêmes facilités que celles qu'ils obtiennent à Marseille et sur d'autres places et de capter ainsi le bénéfice de leur import-export au profit des marchés britanniques. Cet investissement du vice-consul pour la promotion du commerce britannique conduisit le Home Office à lui octroyer la nationalité britannique après la Première Guerre mondiale [13].

Les Levantins d'Alexandrette : des identités hybrides

À partir des années 1860, ces Levantins s'insèrent dans un réseau commercial et familial à l'échelle locale et méditerranéenne, grâce notamment à leurs alliances matrimoniales Plusieurs logiques président à leurs mariages : celles de l'endogamie professionnelle, « consulaire », et confessionnelle. On constate une forte endogamie des Levantins transitaires et vice-consuls d'Alexandrette à l'échelle locale. Augustin Catoni épouse la fille de son associé Cosmo Belfante, Clelia Belfante. Luigi Levante épouse, quant à lui, Lucia Catoni. Les familles européennes de la ville se retrouvent toujours alliées entre elles par de multiples attaches, à un degré plus ou moins éloigné. Cette endogamie professionnelle est courante au

---

13. National Archives (ci-après : NA), Home Office (ci-après : HO) 144/971/B36291, Demande de naturalisation, Alexandrette, 22 avril 1901.

Levant. Les Belfante, Levante et Catoni exercent tous la profession de transitaires, banquiers et assureurs maritimes, et les mariages familiaux viennent consolider leurs affaires. Les maisons de transit sont des affaires de famille : elles se transmettent au fil des générations et sont unies entre elles par des liens à la fois commerciaux et familiaux. Les familles levantines d'Alexandrette sont également intégrées par mariage au monde des commerçants levantins à l'échelle de la Méditerranée, comme Beyrouth, Mersine, Smyrne ou Salonique.

Une logique d'endogamie « consulaire » vient consolider les liens familiaux et commerciaux. Les familles levantines qui détiennent également les vice-consulats d'Alexandrette sont souvent alliées à d'autres familles occupant des (vice-) consulats en Méditerranée. Enfin, autour de ce noyau dur, gravitent des familles ottomanes notables, qui les fréquentent en raison de leurs activités professionnelles ou parce qu'elles bénéficient de leur protection dans le cadre du service consulaire. Avant la Grande Guerre, ces relations commerciales étroites ne recoupent cependant pas encore des liens familiaux.

Ces Levantins consolident leur ancrage local et régional sur le temps long à travers leurs investissements immobiliers. Ils s'approprient l'espace de la ville d'Alexandrette en y acquérant des propriétés foncières ainsi que dans l'arrière-pays. Ces acquisitions témoignent de leur insertion dans la société ottomane, d'une stratégie de placements financiers destinée à diversifier les sources de revenus et à sécuriser les bénéfices réalisés dans le négoce. Elles montrent leur volonté de pérenniser leur installation, puisque les stratégies d'acquisitions de propriétés se font sur plusieurs générations, et d'afficher dans l'espace urbain leur réussite familiale. Leurs propriétés sont situées à proximité du front de mer et du quartier des affaires, reflétant leur inscription dans le paysage commercial de la ville. Cosmo Belfante acquiert ainsi, avec la Casa Commerciale Vincenzo Marcopoli d'Alep, un terrain sur la plage d'Alexandrette [14]. Lorsqu'à la fin du siècle, le port s'agrandit vers l'est de la ville et se modernise, l'espace urbain se réorganise en fonction des affaires maritimes et les Levantins investissent dans ces nouveaux quartiers. Ils achètent aussi dans l'arrière-pays des terrains mis en valeur par l'élevage ou la culture de la vigne. Enfin, toute la bonne société levantine et ottomane d'Alexandrette acquiert des maisons à Saouk-Olouk, petite station d'altitude où elle se réfugie pendant les mois étouffants de l'été.

À l'époque ottomane, les Levantins s'insèrent donc dans des réseaux commerciaux et vice-consulaires à l'échelle locale et régionale, défendant les intérêts économiques et politiques des grandes puissances européennes, tout en développant leurs affaires. Grâce à leur statut d'intermédiaires entre l'Europe et l'Empire ottoman, ils jouent pour les États qu'ils

---

14. Archives Poche-Marcopoli, FM/P/P/P/9095, Alexandrette, 11 mai 1871.

représentent un rôle stratégique, que le premier conflit mondial ne vient pas interrompre.

LES LEVANTINS D'ALEXANDRETTE À L'HEURE MANDATAIRE : INTÉRÊTS POLITIQUES ET ÉCONOMIQUES (1918-1939)

Les Levantins et la reprise économique d'Alexandrette après la Grande Guerre

À la fin de la Première Guerre mondiale, Français et Britanniques ont des vues sur le Levant. Les négociations entre Mark Sykes et François Georges-Picot ont abouti en 1916 à un premier partage de la région, disloquant et répartissant les territoires de l'Empire ottoman. Les groupes de pression favorables aux intérêts britanniques ou français au Levant s'emploient à convaincre leurs gouvernements de la nécessité de renforcer leur influence. Alors que le sort de l'Empire ottoman doit être discuté à la Conférence de la Paix, le petit monde des négociants et des transitaires d'Alexandrette cherche à consolider ses intérêts. Ainsi, Joseph Catoni s'adresse-t-il, dès le mois de novembre 1918, depuis Larnaca (Chypre), où il s'est réfugié à la fin de la guerre, au consul britannique à Alep, pour insister sur la nécessaire défense des intérêts britanniques après la guerre [15]. Son intervention est prise au sérieux car l'homme est tenu en haute estime par le Foreign Office en raison de ses longs services vice-consulaires qui lui permettent d'obtenir la citoyenneté britannique au mois de novembre 1919 [16]. Plusieurs mémoires viennent confirmer l'importance des intérêts économiques britanniques dans la ville portuaire au début de l'année 1919. Plusieurs sociétés ont réussi à maintenir leurs affaires pendant le conflit tandis que d'autres se sont créées. L'Anglo-Syrian Trading Company Ltd de Manchester propose ainsi d'établir un service régulier entre la Grande-Bretagne et Alexandrette, tandis que l'Alexandretta Development Ltd, dans laquelle A. Catoni possède des parts, entend mener toutes sortes de projets de développement économique [17]. Ces compagnies s'unissent en un groupe de pression et Sir Thomas Herbert Evans, armateur et représentant des intérêts de la Northern and Mediterranean Lines, s'entremet dès le début janvier 1919 auprès de la Section économique de la Délégation Britannique à la Conférence de la Paix pour s'assurer que les intérêts britanniques dans le port d'Alexandrette seront défendus lors des négociations à venir. Plu-

---

15. NA, Foreign Office (ci-après : FO) 608/231, Extraits de lettres d'A. Catoni, Larnaca, 17 novembre 1918.
16. *Ibid.*, A J.T. Davies, 2 janvier 1919.
17. *Ibid.*, « Mémorandum concernant l'importance des intérêts britanniques à Alexandrette et leurs conséquences sur la Mésopotamie », 21 janvier 1919.

sieurs entreprises britanniques sont sur les rangs pour réaliser les travaux de modernisation du port.

À la fin de la guerre, les Levantins rentrent à Alexandrette et relancent leurs affaires. Ils ont subi des pertes matérielles (propriétés réquisitionnées ou endommagées par l'armée ottomane, matériel nautique) et commerciales (réduction des affaires) difficiles à mesurer. Cependant, la guerre n'a eu qu'un impact limité sur leurs activités et sur leur fortune, qui reste comparable à celle des grands notables alexandriotes du début du XXe siècle[18].

Les activités d'Augustin et Joseph Catoni illustrent la part importante que prennent les transitaires levantins d'Alexandrette dans la reprise économique du port dans les années 1920. Réfugié à Alexandrie jusqu'en novembre 1915, puis en Italie, Augustin Catoni semble avoir pu poursuivre une partie de ses activités commerciales pendant le conflit. Attirant les Levantins qui avaient déjà l'habitude depuis la fin du XIXe siècle de considérer la métropole commerciale égyptienne comme une seconde patrie, Alexandrie connaît une certaine prospérité pendant la guerre. La situation financière de la famille en 1916 reste des plus confortables[19]. L'Anglo-Syrian Trading Company, dans laquelle A. Catoni possède 272 actions à un taux privilégié de 6 %, poursuit ses activités. Enfin, Augustin et Joseph Catoni envisagent dès le milieu de la guerre d'étendre leurs activités commerciales en Syrie. Le début des années 1920, après le rattachement du *sandjak* d'Alexandrette au mandat français de Syrie, marque une claire reprise de commerce et des perspectives de développement nouvelles, avec la modernisation espérée du port d'Alexandrette et des voies de communications entre Alexandrette et Alep.

Joseph Catoni reprend les affaires paternelles et, dès leur retour à Alexandrette après l'armistice, Théodore Belfante et Joseph Catoni décident de liquider l'ancienne entreprise en mai 1918 et d'en fonder une nouvelle, espérant ainsi obtenir plus facilement le paiement des dommages de guerre. À la fin de l'année 1919, l'entreprise affiche un bénéfice de presque 6 000 livres égyptiennes depuis sa création, sept mois auparavant. Joseph Catoni circule pendant les années 1920 pour ses affaires entre différentes villes où il a des intérêts : Alexandrette, Mersine, qui abrite une maison de commerce fondée en son nom propre, Beyrouth et Alexandrie. En 1924, les deux associés, Carlo Belfante, qui prend la suite de son frère Théodore, décédé, et Joseph Catoni, décident de transformer leur maison de commerce en une société à responsabilité limitée, ce qui a pour principal intérêt d'assurer aux deux partenaires une meilleure sécurité financière. En fondant la nouvelle maison Belfante-Catoni Ltd en

---

18. Centre des archives diplomatiques de Nantes (ci-après : CADN), Fonds Beyrouth, 2e versement, Services Techniques, 238, Division de Syrie, État-Major, Renseignements sur Alexandrette, 1920 ; Robert Ilbert, *Alexandrie 1830-1913. Histoire d'une communauté citadine*, Le Caire, IFAO, 1996, p. 432.

19. NA, FO 141/475/3, consul général à FO, Alexandrie, 14 février 1916.

1925, Joseph Catoni apporte le fonds de commerce de l'ancienne maison Belfante et Catoni, évalué à 2 794 livres sterling, soit environ 12 111 livres syriennes, contre seulement 1 000 livres syriennes en 1919[20].

Cette différence illustre la plus-value sensible réalisée, la bonne santé de l'entreprise et, enfin, la manière avec laquelle le « sens des affaires » de Joseph Catoni lui a permis d'étendre le champ d'activité de la maison[21]. Il profite de la concurrence de Mersine avec Alexandrette, de l'essor prodigieux de Beyrouth, capitale politique et économique sous le Mandat, de celui de Haïfa, transformée par les Britanniques en plateforme commerciale pour toute la Palestine[22], et enfin, des relations toujours très importantes qu'Alexandrette entretient avec l'Égypte. À la fin des années 1920, Joseph Catoni représente de multiples compagnies maritimes à Alexandrette et, au début des années 1930, il existe des branches de la maison Belfante-Catoni à Mersine, Lattaquié, Tripoli, Beyrouth et Haïfa.

Pour les autres Levantins d'Alexandrette, les années 1920 marquent également une reprise et une extension des activités commerciales qui s'appuie toujours essentiellement sur les réseaux familiaux. La famille Levante profite des avantages compétitifs offerts par les compagnies maritimes italiennes qu'elle représente, et qui rafle une partie très importante du trafic de la ville. Des trois fils de Giuseppe Levante, l'un dirige une maison de commerce à Mersine, et les deux autres représentent à Alexandrette des compagnies de navigation italiennes et le Lloyd Triestino. En 1925, la maison Levante est le troisième plus gros chargeur d'Alexandrette en termes de fret, et cette situation reflète la bonne santé de la navigation italienne, première à la fois en nombre et en tonnage dans le port d'Alexandrette cette année-là[23]. Les Levante s'établissent de façon durable dans les principaux ports méditerranéens (Beyrouth, Tripoli, Lattaquié) tout en continuant de circuler entre les différentes agences et de revenir régulièrement à Alexandrette. Ils se voient également confier des responsabilités locales pour le commerce italien : la chambre de commerce italienne de Beyrouth propose G. Levante comme commissaire d'avarie à Alexandrette et à Mersine[24].

Mais si les transitaires d'Alexandrette bénéficient des grands travaux du port et de la ville décidés par les autorités françaises ainsi que de la reprise économique des années 1920, leurs relations avec les autorités mandataires et avec les sociétés concessionnaires ne vont pas toujours sans

---

20. NA, FO 861/77, consul général à FO, Beyrouth, 3 avril 1928.
21. *Ibid.*, consul au procureur général, Alep, 26 avril 1928.
22. Jacob Norris, *Land of Progress, Palestine in the Age of Colonial Development, 1905-1948*, Oxford, Oxford University Press, 2013.
23. Archives des Messageries Maritimes, Rapport de l'agence d'Alexandrette, 1925.
24. AER, Vice-Consulat Alexandrette, b.7, Regia Cambia di Commercio Italiana in Beirut, « Elenco di Commissari d'Avaria proposto della regia cameri di commercio e dapprovato dal regio ministero della industria », Beyrouth, 18 octobre 1920. Un commissaire d'avarie est une personne désignée (souvent par un assureur) pour constater des pertes ou des avaries lors d'un transport maritime.

tensions. Trois campagnes de mobilisation des grands notables transitaires d'Alexandrette dans les années 1920-1930 témoignent de leur implication dans la défense des intérêts économiques de la ville et de leurs entreprises : contre la Société du Port d'Alexandrette, en faveur du maintien d'Alexandrette comme capitale administrative du *sandjak* et pour la promotion d'un pipe-line venant d'Irak et débouchant à Alexandrette. Sur toutes ces thématiques, leur poids économique, mais aussi leurs leviers d'action (instances politiques et économiques, presse), permettent aux notables d'Alexandrette de faire entendre leurs revendications.

Identités levantines : entre ancrage régional et attaches nationales

L'après-guerre est aussi un moment d'enracinement accru dans la société locale par la consolidation d'un réseau de sociabilité en formation depuis la fin du XIXe siècle. Si les Levantins de la première génération se sont mariés entre eux ou à d'autres Levantins de familles commerçantes exerçant des fonctions consulaires, les générations suivantes se mêlent davantage à la notabilité locale à laquelle elles sont liées à la fois par des liens commerciaux et par leurs activités consulaires depuis les dernières décennies de l'Empire ottoman. Les relations professionnelles se trouvent ainsi consolidées par des liens du sang à partir de la troisième génération. Les alliances matrimoniales entre les Levantins d'origine européenne et la notabilité ottomane (devenue syrienne ou libanaise) d'Alexandrette se renforcent. Les liens des familles à la fois levantines et d'origine ottomane se tissent aussi à l'échelle de la Méditerranée. Si ces mariages quittent les limites étroites du monde levantin pour intégrer la notabilité autochtone, ils ne dépassent pas les limites confessionnelles du christianisme, même s'ils peuvent unir des familles de rites différents.

L'ancrage régional de plus en plus solide de ces familles confirme leur statut d'intermédiaires entre deux mondes : celui de leur pays européen d'origine, avec lequel ils gardent des contacts étroits (familiaux, commerciaux, diplomatiques), et celui du Levant. Elles ne peuvent dès lors rester insensibles aux changements politiques et diplomatiques à l'œuvre en Europe dans les années 1930, d'autant qu'elles détiennent toujours les vice-consulats européens de la ville. Joseph Catoni reprend celui de Grande-Bretagne, tandis que Luigi Levante récupère celui d'Italie, Edoardo puis son fils Alfredo Levante celui d'Espagne. À une période de crispation des nationalismes, ces familles levantines doivent composer entre leurs intérêts nationaux, le service des États-nations européens qu'elles représentent, leurs convictions et leurs intérêts locaux. Le cas de la famille Levante et de ses liens avec l'Italie fasciste permet de mesurer l'influence de l'idéologie mussolinienne sur une partie de la communauté italienne d'Alexandrette, mais aussi la liberté des Levantins vis-à-vis de l'État dont ils sont originaires.

Pendant l'entre-deux-guerres, la Méditerranée est l'objet des ambitions de la politique étrangère mussolinienne. Les Italiens de l'étranger constituent une préoccupation majeure du régime : il s'agit de consolider dans les communautés émigrées le sentiment d'appartenance à une *italianità* commune, transmettant par la presse, l'école et toutes sortes d'associations culturelles l'amour de la mère-patrie et de sa langue [25]. À Alexandrette, la fin de la Grande Guerre voit la famille Levante reprendre ses responsabilités vice-consulaires. Chargé du vice-consulat jusqu'en 1927, le chevalier Luigi Levante, né en 1867, défend avec ardeur les intérêts italiens :

Le principal agent de la propagande italienne est l'agent consulaire d'Italie à Alexandrette, M. Luigi Levante, dont l'action s'exerce surtout par l'intermédiaire d'une communauté de Carmes italiens dirigés par le Père Joseph d'Arpino, à Alexandrette, très remuante et très agissante [26].

Au sein de la communauté italienne d'Alexandrette, il existe pourtant différentes sensibilités politiques. Jusqu'à son éviction en 1927, le précédent vice-consul d'Italie à Alexandrette a dû naviguer entre l'extrémisme national des Carmes et le Parti national fasciste. On distingue les contours d'une nébuleuse italienne soudée par un sentiment national fort, mais dont les intérêts et les sensibilités divergent. La communauté des Carmes est accusée par les Français de faire de la « surenchère sur le nationalisme des laïcs fascistes » [27]. Les Carmes perçoivent des subventions du gouvernement fasciste et font de l'école un haut-lieu non seulement du nationalisme italien, mais aussi de la culture fasciste. Ils y appliquent la réforme Gentile de 1923, qui accorde la plus grande importance à la langue et à la civilisation italienne et latine et qui remet la religion catholique au cœur de l'enseignement primaire [28]. Ils organisent une fanfare de jeunes garçons jouant de la musique fasciste et organisent des promenades en uniforme fasciste, mais sans l'insigne du faisceau [29]. Ils reçoivent les manuels, les ouvrages scolaires constituant un pilier de la politique éducative du régime [30]. Enfin, des portraits de Mussolini ornent les salles de l'école et le supérieur de la mission carmélitaine de Syrie témoigne, pendant la guerre, de son attachement au chef de l'État italien [31].

---

25. Par exemple pour l'Égypte : Marta Petricioli, *Oltre il Mito. L'Egitto degli Italiani (1917-1947)*, Milan, Bruno Mondadori, 2007, p. 215.
26. AMAE-La Courneuve, 50PCOM, 268, Note remise par M. Delenda au sujet de la communauté des Carmes d'Alexandrette, septembre 1925.
27. CADN, Fonds Beyrouth, Cabinet politique, 604, le conseiller adjoint du Haut-Commissariat au Haut-Commissaire, au sujet des Carmes italiens et de la propagande anti-française dans le sandjak, 27 janvier 1931.
28. Piergiovanni Genovesi, « Giovanni Gentile et la Réforme de l'école italienne (1923) : un modèle culturel entre enseignement, politique et société », *La Rivista*, n° 2, 2015.
29. CADN, Fonds Beyrouth, Cabinet politique, 604, « Propagande italienne », 20 février 1929.
30. Archives des Carmes (ci-après : Carmes), Rome, 493/r, Consolato di S.M Il Re d'Italia, à Rev. Padre Giuseppe d'Arpino, Superiore della Missione Carmelitana in Alessandretta Alep, 25 mai 1926 ; Consolato di S.M. Il Re d'Italia au même, Alep, 25 mai 1926.
31. AuswärtigesAmt, Berlin (ci-après : AA), K-Adana, 38, Krümmer à AA, Adana, 29 septembre 1943.

Les Carmes ne suivent cependant pas aveuglément toutes les réformes scolaires du nouveau régime. Alors que s'amorce à partir de 1925 la fascisation de l'école [32], les Carmes refusent d'appliquer les directives sur la réforme des programmes qui leur sont transmises par circulaire du ministère des Affaires étrangères en 1926. Ils préfèrent s'en tenir au programme défini en 1924 qui s'accorde mieux aux conditions locales, du fait notamment que la plus grande partie de leurs élèves n'est pas d'origine italienne et souhaite d'abord apprendre le français ou leur propre langue [33]. Alors que le pape Pie XI rejette le projet de réforme de la législation ecclésiastique proposé par le régime, les Carmes d'Alexandrette prennent leurs distances avec les instructions officielles du régime [34].

Si le fascisme séduit dans les années 1930 une partie de la notabilité alépine locale [35], rien ne laisse percevoir une proximité idéologique de la famille Levante avec le régime. Luigi Levante n'est même pas abonné au *Popolo d'Italia*, l'organe officiel de l'État mussolinien [36]. Surtout, son éviction du poste de vice-consul d'Italie, après trente années de service, atteste de la volonté de se défaire d'un homme qui a des relations tendues avec le consul d'Italie à Alep, dont il dépend [37]. L'épisode coïncide avec la fascisation du personnel diplomatique italien à partir de 1926-1927, des candidats fascistes devenant souvent consuls honoraires, intégrés dans les grades inférieurs ou médians de la carrière consulaire [38]. Dans le même temps, cette réforme générale de la diplomatie conduit à peupler de fonctionnaires de carrière les consulats occupés jusqu'alors par des fonctionnaires honoraires [39]. Avec cette éviction de 1927, on voit donc coïncider des enjeux purement locaux avec la marque apposée par le régime mussolinien sur l'administration des Affaires étrangères. Enfin, dans la famille Levante, Edmondo Levante, le fils d'Emilio Levante, établi à Mersine, est un temps à la tête des organisations fascistes locales mais, évincé du vice-consulat en raison de son manque de zèle, il est remplacé par le secrétaire du Parti fasciste [40]. Le faisceau d'Adana considère la fratrie Levante de

---

32. Michel Ostenc, *L'Éducation en Italie pendant le fascisme*, Paris, PUS, 1980, p. 8.
33. Carmes, 493/r, Mission des carmes au Supérieur Osservmo, Alexandrette, 9 novembre 1926.
34. Matteo Baragli, « Catholicisme et nationalisme dans l'Italie fasciste : la réponse cléricofasciste à la sécularisation d'une nation catholique (1919-1929) », *Amnis, Revue de civilisation contemporaine Europes/Amériques*, n° 11, 2012, mis en ligne le 10 septembre 2012, consulté le 11 mai 2017.
35. Keith Watenpaugh, « Steel Shirts, White Badges and the Last *Qabaday*: Fascism, Urban Violence and Civic Identity in Aleppo under French Rule », *in* Nadine Méouchy et Peter Slugett (dir.), *France, Syrie, Liban: Les ambiguïtés et les dynamiques de la relation mandataire*, Damas, Presses de l'Ifpo, Institut français d'études arabes de Damas, 2002, p. 325-347.
36. AER, Vice-consulat Alexandrette, b.10.
37. AER, Consulat Alep, 30, consul Alep au ministère des Affaires étrangères à Rome, Alep, 28 mars 1927.
38. Fabio Grassi Orsini, « La diplomazia », *in* Del Boca (dir.), *Il Regime Fascista. Storia e storiografia*, Rome, Editori Laterza, 1995, p. 290.
39. AER, Vice-consulat Alexandrette, b.10, *L'Écho d'Alexandrette*, 2 juillet 1927.
40. AA, K-Adana, 33, Consulat Adana à AA, Adana, 6 octobre 1942.

Mersine avec beaucoup de mépris, comme n'étant pas de véritables Italiens mais des Levantins typiques, intrigants et peu fiables[41]. Les Levante n'exercent plus de fonctions vice-consulaires pour l'Italie à Alexandrette jusqu'à la défaite de ce pays en 1943. C'est alors Alfredo Levante, fils d'Edoardo Levante et vice-consul d'Espagne, qui reprend provisoirement la charge de vice-consul honoraire d'Italie à Alexandrette. Au total, la famille Levante peut difficilement être taxée de sympathies mussoliniennes pendant la guerre : Edmondo Levante n'est pas impliqué dans le financement de la propagande italienne dans la ville, et Rinaldo Levante voyage pour affaires comme représentant des Assicurazioni Generali de Trieste entre Adana et Istanbul où il réside sans s'occuper de politique[42].

Alors que la carrière consulaire se rigidifie et que les identités nationales s'exacerbent, les Levantins qui avaient, jusqu'alors, la préférence de la plupart des États européens pour occuper les postes vice-consulaires, commencent à inspirer de la méfiance car ils conservent une certaine distance avec leurs autorités de tutelle et leur pays d'origine.

LA SECONDE GUERRE MONDIALE DES LEVANTINS D'ALEXANDRETTE

Après l'offensive diplomatique menée par la Turquie auprès de la Société des Nations à partir de 1936 et finalement la cession par la France du *sandjak* en 1939, la levée de ce contentieux permet un rapprochement entre la Turquie, la France et la Grande-Bretagne, les deux puissances européennes qui souhaitent obtenir la neutralité d'Ankara dans le conflit qui s'annonce. À partir de 1941, le port d'Alexandrette devient une plate-forme logistique essentielle pour les échanges économiques entre la Turquie et la Grande-Bretagne : porte d'entrée des livraisons de matériel militaire à destination de la Turquie, il est aussi la porte de sortie d'une grande partie du chrome turc et de toutes sortes de produits destinés à approvisionner les troupes alliées au Levant. Alexandrette retrouve, après deux ans de morosité économique, un rôle stratégique clé en Méditerranée. Les milieux levantins de la ville cherchent à tirer parti de cette conjoncture pour continuer à exercer leurs fonctions consulaires et réorganiser leurs activités économiques en fonction des contraintes, mais aussi des nouvelles opportunités offertes par le conflit.

Iskenderun au cœur de la guerre du chrome et de l'approvisionnement des troupes alliées au Levant

Dans la bataille économique qui s'engage entre l'Axe et les Alliés, la Turquie est au cœur de celle pour l'approvisionnement en chrome. Ce

---

41. *Ibid.*, 37, Ignazio Sanfelice di Monteforte, Consulat d'Italie, Alexandrette, 23 novembre 1943.
42. *Ibid.*, 37, Kümmer, à Ambassade d'Allemagne, Adana, 20 septembre 1943.

métal étant en effet indispensable à l'industrie de guerre, Allemands et Britanniques s'affrontent pour obtenir de la Turquie, qui produit 16 % du chrome mondial, un approvisionnement privilégié, voire un monopole. La Grande-Bretagne se soucie particulièrement de couper l'Allemagne de son principal fournisseur. L'offensive allemande dans les Balkans du printemps 1941 place les ports du nord de la Turquie sous la menace allemande. Aussi, entre 1941 et 1944, le port d'Iskenderun devient-il un port essentiel pour les exportations de chrome, acheminé du Nord par des navires turcs jusqu'à Alexandrette, devenue Iskenderun, et à Içel (Mersine), d'où des navires britanniques l'exportent vers Port-Saïd [43]. Pour assurer ces livraisons et honorer les échanges commerciaux entre la Turquie et la Grande-Bretagne, l'aménagement du port d'Iskenderun est nécessaire. À l'instigation du Comité Hankey, chargé de la coordination entre les troupes alliées, la United Kingdom Commercial Corporation (UKCC), société mixte chargée d'organiser les achats de marchandises et l'approvisionnement des troupes britanniques et alliées sur les théâtres d'opération, reçoit l'ordre d'ouvrir les négociations avec le ministère des Travaux publics turc pour l'agrandissement des deux ports [44].

Iskenderun et Içel deviennent incontournables dans la logistique des transports alliés en Méditerranée et au Moyen-Orient. Les céréales y transitent entre l'Égypte (parfois en provenance de l'Inde via le canal de Suez et Port-Saïd [45]), le Moyen-Orient (Syrie, Liban) et la Turquie. D'autres matières premières destinées aux troupes y passent également : pétrole de Haïfa, ciment, charbon ou bois, en provenance des ports turcs [46]. Les Britanniques font enfin transiter par Iskenderun du matériel de guerre, après avoir parfois déchargé une partie de leur cargaison dans les ports syriens ou libanais [47].

Levantins et vice-consulats européens dans la guerre

La Seconde Guerre mondiale est une période périlleuse pour les Levantins d'Iskenderun, qui ne peuvent espérer continuer d'exercer normalement leurs activités économiques et consulaires. Ils tentent néanmoins de conserver autant que possible ces dernières responsabilités et de

---

43. *Ibid.*, 38, Iskenderun, 4.4.42, Inhalt: Türkischeb Schiffahrt an der Südküste Kleinasiens für englische Interessen.
44. Sur l'UKCC : « Studies in War-Time Organisation: The United Kingdom Commercial Corporation », *African Affairs*, Oxford, Oxford University Press, vol. 43, n° 172, juillet 1944, p. 116-123.
45. Pour le rôle de Suez pendant la Seconde Guerre mondiale : Caroline Piquet, *Histoire du Canal de Suez*, Paris, Perrin, 2009.
46. AA, K-Adana, 38-39, Vice-consulat Iskenderun à Consulat Adana, Échanges commerciaux du port d'Alexandrette pour l'année 1941 (sans le matériel de guerre), Iskenderun, 1er avril 1942.
47. AA, K-Alexandrette, 5, Vice-consulat Alexandrette à Ambassade Angora, Transit de matériel de guerre anglais vers la Syrie, Iskenderun, 4 novembre 1941.

profiter des opportunités commerciales offertes par la guerre et en particulier par la présence britannique au Hatay, la province d'Iskenderun. Or, la guerre, qui avive les appartenances identitaires, menace leurs activités consulaires. Les administrations nationales (britannique, allemande, italienne), voient dans l'appartenance identitaire plurielle des Levantins une menace pour les intérêts nationaux que sont chargés de défendre leurs représentants sur place. Ces Levantins perdent alors souvent leurs fonctions officielles dans les vice-consulats de la ville. Ainsi, l'Italien Alfredo Levante, au service de l'Allemagne à Alexandrette depuis 1933, ne peut conserver son poste après 1939. La loi allemande interdit, en effet, de confier des responsabilités consulaires ou vice-consulaires à des étrangers en temps de guerre.

Le plus souvent cependant, les services consulaires continuent de recourir aux services des Levantins de manière officieuse. Le vice-consulat d'Italie à Iskenderun continue par exemple d'employer Alfredo Levante pendant une partie de la guerre, mais à titre officieux. Entre 1937 et 1939, date de la cession du Hatay à la Turquie, le vice-consulat est confié à un vice-consul de carrière, Frederico Cortese. À partir de cette date, plusieurs vice-consuls italiens de carrière se succèdent. Après la défaite de l'Italie et l'armistice de 1943, les autorités italiennes envisagent de fermer les vice-consulats d'Içel et d'Iskenderun. Cependant, la décision est finalement prise de maintenir une présence italienne tout en rappelant le vice-consul de carrière. En 1944, les autorités italiennes décident de dissoudre le vice-consulat italien de carrière et de nommer Alfredo Levante consul honoraire. Cela leur permet de maintenir la fiction d'un consulat de carrière auprès des Turcs en nommant, sans rémunération, Alfredo Levante au poste de consul honoraire [48].

Une fois de plus, ce sont les vieilles familles levantines de la ville qui servent de relais à l'influence de leur pays, au-delà des changements de souveraineté et des fluctuations de la conjoncture diplomatique. De la même manière, lorsqu'en septembre 1939, Alfredo Levante est remercié par les autorités allemandes, il continue de s'occuper des intérêts allemands au titre d'attaché commercial, alors que le consulat est confié à un Allemand, consul de carrière [49]. Alfredo Levante reste cependant précieux par son mariage avec une Turque, qui est susceptible de favoriser ses relations avec les autorités, par son passé au service du vice-consulat allemand, enfin par ses liens familiaux et commerciaux en Turquie et en Syrie. Il représente d'ailleurs à peu près la seule source d'informations concernant les affaires maritimes des consulats allemand et italien d'Iskenderun pendant la guerre [50].

48. AA, PA, K-Adana, 37, Krümmer, vice-consul d'Adana à ambassade Angora, Adana, 29 septembre 1943.
49. AA, Pers A 10 (Dossier personnel Schweinitz), A. Levante à Ambassade Angora, Iskenderun, 14 septembre 1939.
50. NA, FO 371/37367, Sir Hughe Knatchbull-Hugessen, Angora, Activités des Allemands et des Italiens en Turquie, Angora, 3 décembre 1943.

Les autorités britanniques, enfin, souhaitent nommer un personnel professionnel en temps de guerre. En 1942, les autorités britanniques transforment le consulat honoraire tenu par Joseph Catoni en un consulat confié à un consul de carrière. Cette décision est rendue nécessaire par l'engagement britannique dans les travaux du port d'Iskenderun. Joseph Catoni conserve toutefois le rang de consul honoraire et reprend la gestion du consulat lors des absences du consul [51].

Le sort des Levantins d'Iskenderun pendant la Seconde Guerre mondiale illustre donc leur capacité à maintenir et à défendre, envers et contre tout, en dépit d'une conjoncture diplomatique acrobatique, leurs intérêts vice-consulaires à l'échelle locale.

Des activités économiques difficilement préservées

La Seconde Guerre mondiale interrompt l'activité économique normale d'Iskenderun et impose aux Levantins de réorganiser leurs activités. Joseph A. Catoni, du fait de sa nationalité anglaise, est en relativement bonne position pour profiter du boom du temps de guerre lié au rôle de plateforme joué par Alexandrette pour les intérêts britanniques à partir de 1941. La Société Joseph Catoni parvient à contrôler l'essentiel du trafic effectué sur des navires anglais grâce aux relations qu'elle entretient avec le Comité anglo-américain de coordination pour les transports maritimes [52]. Cependant, le conflit accélère la réorientation de l'activité de la firme Catoni vers le reste du Levant plutôt que vers la Turquie. À la fin de la guerre, l'agence d'Iskenderun n'est plus la plus importante ni la plus rémunératrice de la Société : les agences situées le long des côtes du Levant et en Égypte sont désormais bien plus dynamiques. À Alep et surtout à Lattaquié, la firme Catoni alimente l'UKCC, et donc les troupes britanniques au Levant, en produits alimentaires entre mars 1943 et septembre 1944 [53]. Joseph Catoni envisage en 1944 de quitter la Turquie après la guerre [54].

De la même manière, les Levante d'Iskenderun font désormais une part plus importante de leurs affaires ailleurs que dans la ville : à partir de 1939, Alfredo Levante s'occupe davantage des intérêts qu'il possède en Syrie, et réside plus souvent à Lattaquié et à Tripoli qu'à Iskenderun [55]. La nouvelle importance prise par Lattaquié dans le commerce moyen-oriental s'explique par la réorientation du commerce d'Alep après le rattachement du *sandjak* d'Alexandrette à la Turquie. Le déclin, amorcé

---

51. AA, K-Alexandrette, 1, Schweinitz à Ambassade Angora, Iskenderun, 29 mars 1944.
52. AA,, K-Adana, 29, Liste des Anglais de la circonscription consulaire d'Adana et partiellement de celle d'Iskenderun, Adana, fin mai 1943.
53. Archives Poche-Marcopoli, FP / S / A / J / 1503.
54. NA, FO 371/48708, Mr Peterson à FO, au sujet du Hatay, Angora, 15 décembre 1944.
55. AA, Pers A10, A. Levante à Ambassade Angora, Iskenderun, 14 septembre 1939.

avant 1939, est confirmé pendant la guerre. À la fin du conflit, les vieilles firmes d'Alexandrette cherchent en tout cas à renouer avec leurs contacts britanniques et américains pour capter le commerce à venir et réorienter leurs activités au Levant [56].

CONCLUSION

Le *sandjak* d'Alexandrette est devenu un espace stratégique sur le plan économique et diplomatique à partir des années 1860. Porte d'entrée et de sortie en Méditerranée du commerce syrien, anatolien et irakien sous l'Empire ottoman, il doit faire face aux appétits croissants des puissances européennes dans l'Empire ottoman, avec le décloisonnement du monde qui s'opère au milieu du XIXe siècle, grâce à l'essor de la navigation maritime. Au centre de tous ces échanges, se trouvent les transitaires levantins d'Alexandrette, qui mettent en relation les négociants de l'Empire avec leurs partenaires commerciaux, qu'ils soient dans l'Empire ottoman, en Europe ou aux États-Unis. Par leurs activités de vice-consuls, ils jouent également un rôle central dans la défense et la promotion des intérêts commerciaux des nations qu'ils représentent. Ces intérêts économiques, qui sont à la fois privés et nationaux, sont défendus avec constance durant 80 ans, survivant aux turbulences économiques et aux soubresauts politiques. Grâce à l'activité de ces dynasties vice-consulaires, les grandes puissances sont parvenues à défendre tant bien que mal leurs intérêts multiples dans le *sandjak* d'Alexandrette. Quant aux Levantins, ils ont préservé leur liberté de manœuvre et une certaine distance avec à la fois leur identité nationale et les autorités dont ils dépendent. Ils utilisent ces consulats pour leur prestige local, pour consolider leurs affaires, servant autant leurs propres intérêts que ceux de la nation qu'ils représentent.

Cosima FLATEAU
Université Paris I-Panthéon-Sorbonne

---

56. NA, FO 371/48708, Pr Peck à Mr McDermott, au sujet du Hatay, Iskenderun, 7 mai 1945.

Violences, réfugiés et diplomatie humanitaire à Smyrne en contexte de guerre (septembre 1922) *

Le 11 octobre 1922, l'armistice signé à Mudanya met fin à une série de conflits qui a marqué le Sud-Est des Balkans et l'Asie Mineure pendant près de dix ans [1]. Prémisses d'une « brutalisation » des sociétés (George Mosse), les guerres balkaniques (1912-1913) et les conflits subséquents donnent lieu à une multiplication de violences extrêmes contre les communautés ethno-confessionnelles qui se poursuivent sous d'autres formes après l'arrêt des combats, dans le cadre de régimes nationalistes [2]. Durant la guerre gréco-turque (1919-1922), ces violences se manifestent principalement par le départ forcé et définitif de plusieurs centaines de milliers de civils. Elles atteignent leur paroxysme en septembre 1922, après la défaite et la retraite de l'armée grecque, lorsque les ports de la région ouest-anatolienne deviennent le théâtre de plusieurs crises humanitaires.

Aux lendemains de la Première Guerre mondiale, l'Europe et le Proche-Orient sont marqués par d'importants mouvements de populations qui touchent près de dix millions de personnes [3]. Ces migrations forcées résultent des traités de paix qui démantèlent trois empires pluriethniques, créent sur leurs restes des États-nations et tracent de nouvelles frontières, ainsi que des conflits qui se poursuivent jusqu'en 1923.

---

* Je remercie chaleureusement Stanislas Jeannesson, pour m'avoir accompagné dans ce travail, et tous les membres de l'Institut d'histoire des relations internationales contemporaines, pour m'avoir offert l'opportunité d'écrire cet article.

1. Comme une ville peut avoir plusieurs noms, nous écrivons son nom comme il apparaît dans les sources et avec son orthographe actuelle. Nous préférons donc Smyrne à İzmir et Mudanya à Moudania.

2. Tassos Kostopoulos, *Πόλεμος και εθνοκάθαρση. Η ξεχασμένη πλευρά μιας δεκαετούς εθνικής εξόρμησης, 1912-1922* [Guerre et nettoyage ethnique. Le côté oublié d'une croisade nationale de dix ans, 1912-1922], Athènes, Βιβλιόραμα, 2007 ; Nikos Sigalas, Alexandre Toumarkine, « Ingénierie démographique, génocide, nettoyage ethnique. Les paradigmes dominants pour l'étude de la violence sur les populations minoritaires en Turquie et dans les Balkans », *European Journal of Turkish Studies*, n° 7, 2008, [en ligne] http://journals.openedition.org/ejts/2933 (consulté le 18 mars 2022).

3. Dzovinar Kévonian, *Réfugiés et diplomatie humanitaire. Les acteurs européens et la scène proche-orientale*, Paris, Publications de la Sorbonne, 2004, p. 263.

Dans ce contexte, une nouvelle catégorie de réfugiés fait son apparition : les réfugiés de la paix. L'augmentation des flux migratoires suscite immédiatement des questions humanitaires liées à leur prise en charge. Compte tenu de la dimension résolument transnationale du phénomène migratoire, il se présente aux États comme un problème public capable de déstabiliser le nouvel ordre mondial instauré par le traité de Versailles et suscitant dès lors une extension du champ des relations internationales. Alors que le système international ne dispose pas d'appareil institutionnel capable d'y faire face, une pluralité d'acteurs, et notamment d'organisations privées, investissent ce champ d'action [4]. Pour répondre efficacement aux situations d'urgence humanitaire, il leur faut improviser, composer selon les contextes politiques et coopérer, donnant lieu ainsi à des pratiques diplomatiques multilatérales innovantes. En 1921, la Société des Nations (SDN) institutionnalise la coopération internationale dans le domaine humanitaire en nommant Fridtjof Nansen haut-commissaire pour les réfugiés russes [5].

Après l'armistice de Moudros, émerge sur le territoire de l'Empire ottoman un mouvement insurrectionnel qui lutte pendant plusieurs années contre l'occupation des armées étrangères puis contre le traité de Sèvres (1920) [6]. Dans ce contexte, l'Anatolie est plongée dans une grande instabilité. À l'ouest de la région, l'armée grecque, débarquée en mai 1919 pour administrer et pacifier le *vilayet* de Smyrne, est mandatée l'année suivante par le Conseil suprême de l'Entente pour rétablir l'ordre dans le reste de l'Empire [7]. Pendant trois années, l'occupation grecque et la guerre qui oppose le royaume de Grèce à l'armée nationale turque donnent lieu à des violences extrêmes commises par les deux camps appuyés par des bandes armées (*çetes*) et des groupes paramilitaires contre les communautés ethno-confessionnelles. En août 1922, le repli de l'armée grecque devant l'offensive turque provoque l'exode de plusieurs centaines de milliers de civils vers Constantinople, les ports de la mer de Marmara et ceux de la région de Smyrne.

Les nombreux travaux consacrés à la prise en charge des réfugiés à Smyrne en septembre 1922 ont mis l'accent sur le rôle central joué par les organisations américaines [8]. Pourtant, si la souveraineté conditionnelle

---

4. Michael R. Marrus, *Les Exclus. Les réfugiés européens au XXe siècle*, Paris, Calmann-Lévy, 1994, p. 86.
5. Francesca Piana, « L'humanitaire d'après-guerre : prisonniers de guerre et réfugiés russes dans la politique du Comité international de la Croix-Rouge et de la Société des Nations », *Relations internationales*, n° 151, 2012, p. 71.
6. Odile Moreau-Richard, « Difficile sortie de guerre : de l'Empire ottoman à l'émergence de la jeune République de Turquie (1918-1924) », *Relations internationales*, n° 171, 2017, p. 43-56.
7. Dans l'Empire ottoman, un vilayet est une circonscription administrative correspondant à une province.
8. Par exemple, Antonis Klapsis, « American Initiatives for the Relief of Greek Refugees, 1922-1923 », *Genocide Studies and Prevention*, vol. 6, n° 1, 2011, p. 98-106 ; Davide Rodogno, *Night on Earth: A History of International Humanitarianism in the Near East, 1918–1930*, Cambridge, Cambridge University Press, 2021, p. 214-217.

de l'Empire ottoman permettait jusque-là aux organisations privées d'intervenir librement sur son territoire, la victoire de Mustafa Kemal en Asie Mineure restreint leur action [9]. Celle-ci est désormais conditionnée par des acteurs et des enjeux que nous avons cherché à analyser en croisant les archives diplomatiques françaises et américaines. Dès lors, comment les acteurs présents à Smyrne perçoivent-ils les migrations forcées ? De quelles façons répondent-ils à l'urgence humanitaire et quels enjeux diplomatiques sous-tendent ces actions ? En quoi les Français sont-ils des acteurs majeurs de la diplomatie humanitaire ?

GUERRE, DIPLOMATIE ET SOUVERAINETÉ

Prévenir l'instabilité politique et les violences

Début septembre 1922, l'augmentation rapide à Smyrne du nombre des soldats indisciplinés, des déserteurs et des civils préoccupe rapidement les autorités locales. Les quatre principaux consuls, l'Américain George Horton, le Britannique Harry Lamb, le Français Michel Graillet et l'Italien Carlo Senni, craignent pour la sécurité de leurs ressortissants et de leurs établissements. Ensemble, ils rencontrent successivement le général Georgios Hadjianestis, le ministre de la Guerre, Nikolaos Theotokis, et le haut-commissaire de Grèce, Aristide Stergiadis, pour s'assurer de leur capacité à maintenir l'ordre et à prévenir les exactions et l'incendie de la ville, mais n'obtiennent, selon Graillet, que des réponses « aussi évasives les unes que les autres » [10]. Alors que l'autorité civile et militaire est encore aux mains des Grecs, les consuls demandent le renforcement de leur flotte nationale dans la rade du port et le débarquement de militaires pour que leurs pays défendent eux-mêmes leurs intérêts.

Marqué durant sa carrière par la révolte des Boxers (1900) et l'incendie de Salonique (1917), Michel Graillet décide de constituer dans la ville trois îlots dont le périmètre de défense entoure les bâtiments français. Il crée également une milice civile qui a pour but « d'être un facteur d'ordre », décrétant ainsi la mobilisation volontaire de la colonie française [11]. Le consul italien fait de même. Quant à l'amiral britannique, Osmond Brock, il déclare qu'il compte protéger sa seule colonie, ce que Graillet qualifie d'« assez significatif » [12]. Forts de ces différentes mesures,

---

9. Davide Rodogno, « Non-state actors' humanitarian operations in the aftermath of the First World War: the case of the Near East relief », *in* Fabian Klose (dir.), *The Emergence of Humanitarian Intervention: Ideas and Practice from the Nineteenth Century to the Present*, Cambridge, Cambridge University Press, 2016, p. 202.
10. Centre des archives diplomatiques de Nantes (ci-après : CADN), Smyrne, vol. 97, dép. de Graillet, 6 septembre 1922.
11. *Ibid.*, annexe n° 1 de la dép. de Graillet, 9 septembre 1922.
12. *Ibid.*, dép. de Graillet, 6 septembre 1922.

les consuls prennent progressivement le contrôle de plusieurs zones de la ville. Les gouvernements tiennent néanmoins à rester neutres et Maurice Pellé, le haut-commissaire français, envoie à Graillet l'avertissement suivant :

> La population de la ville profitera indirectement de cette protection ; mais j'estime qu'il nous serait impossible d'assurer la charge de mesures de protection générale, qui dépasseraient nos moyens et feraient peser sur nous une responsabilité qui ne nous incombe pas. Ce point de vue est celui du gouvernement[13].

Le 8 septembre, après le départ de son administration et de son armée, le gouvernement hellénique demande aux Alliés et aux États-Unis d'assurer la protection des soldats et des réfugiés restés à Smyrne[14]. Dès lors, les quatre consuls cherchent à prévenir les violences et l'instabilité politique et font parvenir ce message à l'armée turque peu avant son arrivée :

> Les autorités helléniques civiles et militaires ayant abandonné la ville, l'armée étant sans directives, nous vous invitons à faire cesser une bataille qui ne semble plus avoir d'utilité au point de vue militaire. Dans le cas contraire, il en résulterait un sauve-qui-peut sur la ville et les conséquences seraient désastreuses aussi bien pour la population musulmane que chrétienne[15].

Après l'entrée de l'armée kémaliste à Smyrne dans la matinée du 9 septembre, les consuls, qui ont la consigne de conserver une stricte neutralité, cherchent, dans un premier temps, à établir de bonnes relations avec les nouvelles autorités. Dès le lendemain, Nurettin Paşa, le gouverneur militaire, décrète la loi martiale. Elle impose un couvre-feu en ville à partir de 19 heures et interdit l'embarquement et le débarquement des civils, en dehors des ressortissants et des officiers étrangers. Contrairement à Graillet, qui reste confiant dans les privilèges capitulaires, Lamb est inquiet pour l'avenir de sa colonie. Quand il rencontre Kemal pour discuter de la situation, celui-ci se montre menaçant. Il déclare ne reconnaître ni Horace Rumbold, le haut-commissaire britannique, ni son interlocuteur, et être en droit d'interner tous leurs ressortissants. Le climat d'insécurité touche désormais tout le monde.

L'émergence de la question humanitaire

Résultat de l'augmentation des migrations forcées, la question humanitaire en Anatolie suscite des désaccords entre les gouvernements concernés. Aucun ne désire en effet assumer la protection des réfugiés. Unanimement, ils s'accordent pour attribuer la responsabilité des départs

---

13. CADN, Ankara, vol. 209, tél. de Pellé à Graillet, 8 septembre 1922.
14. Archives du ministère des Affaires étrangères, La Courneuve (ci-après : AMAE-La Courneuve), série E Levant, Turquie, vol. 56, tél. de Marcilly au MAE, 8 septembre 1922.
15. CADN, Smyrne, vol. 97, annexe n° 3 de la dép. de Graillet, 7 septembre 1922.

à l'armée grecque qui, durant son retrait, met volontairement le feu à de nombreux villages et villes – notamment Eskişehir – pratique la terre brûlée et se livre à des massacres, faisant ainsi craindre des représailles sur les populations chrétiennes [16]. La prise en charge des réfugiés reviendrait alors à l'État grec. Cependant, alors que Charles Evans Hugues, le secrétaire d'État américain, estime qu'il s'agit d'une question de premier plan, les Alliés la considèrent comme annexe par rapport aux enjeux liés à la résolution de la « question d'Orient ». Pourtant, Mark Lambert Bristol, le haut-commissaire américain, considère que les Alliés ont leur part de responsabilité dans la situation et compte sur leur intervention à Smyrne [17].

Photographie 1 : *Village anatolien incendié par l'armée grecque. Derrière la photographie transmise le 4 octobre 1922 par Henri Dentz, officier de liaison de l'état-major général auprès du haut-commissaire, à Maurice Pellé, cette notation :* « *Vu du village "Gehkel" dépendant de [Mudanya] incendié par les troupes helléniques lors de leur fuite. Les habitants avaient été massacrés.* »

Source : CADN, Ankara, vol. 209, Photographies prises par une « commission d'enquête sur les atrocités » commises par l'armée grecque en Anatolie.

L'occupation de Smyrne par l'armée turque confronte d'emblée la question humanitaire à celles des capitulations et, plus largement, de la

---

16. AMAE-La Courneuve, série E Levant, Turquie, vol. 55, tél. de Poincaré à Marcilly, 8 septembre 1922.
17. *Foreign Relations of the United States* (ci-après : *FRUS*), 1922, vol. II, n° 325, p. 416, tél. de Bristol à Hughes, 6 septembre 1922.

souveraineté turque. Les capitulations désignent une série d'accords réglementant depuis le XVIe siècle la situation des étrangers dans l'Empire ottoman qui, par ces accords, bénéficient de l'extraterritorialité et de multiples avantages (militaires, religieux, fiscaux, commerciaux, juridiques, etc.) rétablis et renforcés par le traité de Sèvres. Les capitulations de 1673 font notamment de la France la puissance protectrice des chrétiens d'Orient. Au XIXe siècle, les capitulations étaient ainsi l'un des principaux instruments d'ingérence des puissances européennes dans les affaires intérieures ottomanes [18]. Conformément aux résolutions du Pacte national (*Misak-ı Millî*), la Grande Assemblée nationale (GAN) ne reconnaît pas les capitulations [19]. La victoire de Kemal rend dès lors impossible l'ingérence des grandes puissances et l'extraterritorialité ne protège plus les établissements étrangers de Smyrne. Pour Hervé Georgelin, « le signe le plus tangible de la destruction de la Smyrne levantine est le fait qu'une identité européenne, proclamée par un drapeau hissé sur un immeuble ou un passeport brandi, ne protège plus. Un monde semi-colonial, où la qualité d'Européen permettait d'échapper au lot commun, disparaît » [20]. La fin des capitulations restreint donc les capacités d'action des Alliés et des Américains.

Dès le 9 septembre, les consuls sont témoins de violences et, comme en témoigne Graillet, la situation se détériore rapidement :

> Dès ce moment, l'affolement s'empara de la population. Toutes les nuits on n'entendait plus que des cris, des coups de feu et le nombre de réfugiés de tous nos établissements augmente encore considérablement. Il est évident que ces scènes de pillage se renouvellent trop souvent et sans aucune dissimulation. Malgré les assurances qui nous sont données que le nécessaire va être fait pour que l'ordre soit rétabli, tout reste dans le plus grand désordre [21].

Face aux manifestations hostiles envers les chrétiens et aux exactions qui se multiplient, les populations civiles recherchent la protection des établissements étrangers. Graillet accorde ainsi l'asile diplomatique à près de 12 000 personnes. Comme le note Charles-Henri Dumesnil, le contre-amiral en chef de la Division navale du Levant (DNL), cette situation pose un problème en raison de la loi martiale et de la neutralité à observer en contexte de guerre : « il est certain que la présence dans nos établissements religieux d'un grand nombre de réfugiés auxquels nous donnons asile bien qu'ils ne soient à aucun titre nos ressortissants, nous met dans une situation un peu délicate [22]. » Le 10 septembre, alors que

---

18. Davide Rodogno, *Against Massacre: Humanitarian Interventions in the Ottoman Empire, 1815-1914*, Princeton, Princeton University Press, 2011, p. 42-43.

19. Voté en janvier 1920 à Constantinople, le Pacte national comprend six principes relatifs aux revendications du mouvement de résistance et visant à garantir l'indépendance et la souveraineté du territoire national.

20. Hervé Georgelin, *La Fin de Smyrne. Du cosmopolitisme aux nationalismes*, Paris, CNRS, p. 223.

21. CADN, Smyrne, vol. 97, compte rendu de Graillet, 26 septembre 1922.

22. *Ibid.*, vol. 209, compte rendu de Dumesnil, 13 septembre 1922.

Graillet rencontre Nurettin Paşa pour parler de sécurité, celui-ci lui demande de retirer ses troupes de la ville afin qu'il puisse en prendre le contrôle [23]. La présence militaire alliée gêne en effet l'installation du nouveau pouvoir. Graillet répond que, dès qu'il estimait la sécurité rétablie, il en parlerait avec le contre-amiral Dumesnil. Son seul but, ajoute-t-il, est de protéger ses ressortissants. Le lendemain, accompagné de Dumesnil, il retourne voir Nurettin Paşa qui demande cette fois que les civils et les soldats réfugiés dans leurs établissements lui soient remis de manière qu'il puisse traduire ces derniers en conseil de guerre, ce que les Français n'acceptent qu'en partie :

> J'ai estimé, d'accord avec notre consul général, que nous ne pouvions, sans porter atteinte au bon renom de la France, mettre dehors une foule de Grecs venus s'abriter sous notre pavillon, tant que des assurances ne nous seraient pas données que leur existence sera assurée ; par contre, j'ai admis dès maintenant le principe que tout soldat hellénique réfugié dans nos établissements devait être livré à l'autorité turque et que celle-ci devait être autorisée à pénétrer dans nos établissements pour reconnaître, accompagnée d'un officier français, les soldats grecs [24].

Malgré la présence des soldats postés devant chaque îlot, rien n'interdit aux patrouilles turques de pénétrer dans les établissements. Jusqu'ici, les consuls pensent n'avoir à faire face qu'à une situation temporaire. Ils espèrent que les autorités ramèneront l'ordre, que les réfugiés rentreront chez eux et que les affaires de leurs ressortissants reprendront. Ils se contentent alors de maintenir leurs troupes à terre et de signaler aux autorités turques chaque exaction.

Le 13 septembre, un incendie se déclare dans le quartier arménien et s'étend rapidement aux quartiers orthodoxe et levantin, ce qui modifie radicalement la situation humanitaire. Face à l'extension du feu vers le nord, les amiraux se réunissent pour dégager une position commune sur le sort à réserver aux réfugiés des établissements italiens et français [25]. Dans la nuit du 13 au 14 septembre, les consuls décident d'évacuer en priorité leurs colonies, ainsi que quelques milliers de réfugiés « auxquels, comme l'écrit Dumesnil, les circonstances tragiques de la nuit nous ont conduit de gré ou non à donner asile » [26].

---

23. CADN, Smyrne, vol. 97, dép. de Graillet, 12 septembre 1922.
24. CADN, Ankara, vol. 209, compte rendu de Dumesnil, 13 septembre 1922.
25. *Ibid.*, note collective des amiraux, 13 septembre 1922.
26. *Ibid.*, compte rendu de Dumesnil, 16 septembre 1922.

AVANTAGE DIPLOMATIQUE ET « RESPONSABILITÉ DE PROTÉGER [27] »

Une position diplomatique favorable

En cette fin de guerre, la Grande Assemblée nationale n'est reconnue par aucun gouvernement allié. Si l'Italie et la France ont contrevenu au traité de Sèvres en renonçant à leurs prétentions en Asie Mineure en 1921, les Alliés ont réaffirmé en mars 1922 leur volonté de ne pas conclure de paix séparée pour résoudre la « question d'Orient »[28]. Alors que la victoire décisive de Kemal sur l'armée grecque contraint les Alliés à réviser leur politique étrangère, la France et l'Italie, plus enclines à renégocier les accords, entretiennent avec la GAN de meilleurs rapports que Londres. Dès lors, les relations franco-turques assurent à Dumesnil et Graillet une attitude plus favorable des autorités locales qu'à leurs homologues.

Tandis que Lamb et Horton, remplacés par des représentants consulaires, quittent définitivement Smyrne le 14 septembre, Senni et Graillet cherchent, eux, à s'y maintenir alors même que l'incendie a détruit une grande partie de leurs établissements. Senni reste néanmoins en retrait durant la suite des événements. Osmond Brock rejoint également Constantinople avec sa flotte le 14 septembre et charge l'amiral Reginald Tyrwhitt d'appuyer Dumesnil. Après l'incendie, Dumesnil et Graillet occupent ainsi une position diplomatique avantageuse à Smyrne où ils deviennent les acteurs alliés ayant le plus d'autorité politique. Conscients tous deux du tournant opéré dans la présence française à Smyrne, ils partagent le même point de vue sur la nécessité d'y maintenir leur colonie et les chrétiens, gages, selon eux, de la prospérité du pays. Ils pensent en effet que le départ des autres colonies peut permettre aux Français d'étendre leur influence et, dans ce but, encouragent leurs ressortissants à reprendre rapidement leurs activités[29]. Dans la perspective de l'installation du nouveau régime et face à la volonté des nationalistes turcs d'abolir les capitulations, les Français cherchent à défendre leurs intérêts et à instaurer un rapport de force en vue des négociations. Pour assurer la sécurité de ses ressortissants, Dumesnil fait de nouveau protéger les établissements par des militaires. Graillet tient lui aussi à poursuivre ses activités et fait rétablir après l'incendie un service provisoire de délivrance de passeports et un office postal.

En revanche, les deux Français adoptent vis-à-vis de la situation politique et des autorités turques une position différente. Celle de Graillet

---

27. Cette expression désigne un principe qui a succédé au « droit d'ingérence », adopté en 2005 par l'Organisation des Nations Unies.
28. Jacques Frémeaux, *La Question d'Orient*, Paris, Fayard, 2014, p. 283.
29. CADN, Ankara, vol. 209, compte rendu de Dumesnil, 19 septembre 1922.

s'inscrit dans une « diplomatie consulaire [30] ». Au XIXe siècle, le consul voit en effet sa fonction gagner en autonomie, ce qui fait pleinement de lui un acteur local des relations internationales. « S'ils ne participent pas à la prise de décisions en matière de politique générale, les consuls les adaptent, les interprètent, les contredisent sans arrêt [31] ». Cette évolution confronte notamment la fonction du consul, qui consiste à défendre des intérêts nationaux, aux nouvelles contraintes locales et internationales. Pendant les événements de septembre, Graillet se positionne donc comme un diplomate et un intermédiaire entre les autorités locales et son gouvernement, dans un contexte marqué par la guerre et les migrations forcées. Après les drames dont il est témoin, le consul, devenu résolument hostile aux Turcs, ne se préoccupe plus de soigner ses relations avec les autorités locales et transgresse les consignes. Alors que la position officielle du gouvernement français est d'atténuer les responsabilités turques dans l'incendie et les violences, il affirme ouvertement le contraire à Raymond Poincaré, le président du Conseil et ministre des Affaires étrangères [32]. Selon lui, « il est indubitable que le pillage est toléré par le commandement » [33]. Bardé de stéréotypes sur les races et l'Orient inspirés des « persécutions » contre les chrétiens, il interprète chaque mesure comme un pas de plus vers un massacre général. Malgré l'attitude mesurée des Turcs à l'égard des Français, Graillet a le sentiment d'être perçu comme un infidèle (*gavur*) et d'être l'otage des positions de son gouvernement dont il se méfie : « on n'hésiterait pas à nous massacrer sans la moindre hésitation au cas où une puissance européenne [...] se mettrait ouvertement devant [Mustafa] Kemal. » Dépassé par la situation, il se permet même de faire part à Poincaré de son intime conviction d'être le témoin et bientôt la victime d'une guerre de religion :

> Le bolchevisme a-t-il déjà pénétré l'armée ? Ou bien la xénophobie se donne-t-elle libre cours ? Il faut nous souvenir que nous avons devant nous des *musulmans*, tout d'abord. Et à leur arrivée, les troupes ont dit à qui voulait l'entendre qu'*Allah leur avait donné la victoire*. Les soldats de Kemal ont fait la guerre aux Grecs, mais surtout à des gens qui ne reconnaissaient pas Mahomet comme prophète. Et de là à confondre, dans un accès de fureur, tous les étrangers, il n'y a pas loin [34].

---

30. Mathieu Jestin, « Les identités consulaires dans la Salonique ottomane, 1781-1912 », *Monde(s). Histoire, espaces, relations*, n° 4, 2013, p. 189-209 ; Ferry de Goey, « Les consuls et les relations internationales au XIXe siècle », *Cahiers de la Méditerranée* [en ligne], n° 93, 2016 [http://journals.openedition.org/cdlm/8492] (consulté le 16 mars 2022).

31. Mathieu Jestin, « Affirmation d'une "diplomatie consulaire" à l'époque contemporaine », Encyclopédie d'histoire numérique de l'Europe [en ligne], mis en ligne le 22 juin 2020, https://ehne.fr/fr/node/12184 (consulté le 18 mars 2022).

32. AMAE-La Courneuve, série E Levant, Turquie, vol. 56, tél. de Graillet à Poincaré, 18 septembre 1922.

33. CADN, Smyrne, vol. 97, tél. de Graillet à Poincaré, 28 septembre 1922. Les mots en italiques sont soulignés par Graillet.

34. Idem.

Quant à Dumesnil, qui est proche des sphères politiques et qui représente pour le gouvernement français un intermédiaire précieux pour les négociations futures, il se rallie à la thèse turque concernant l'incendie et rapporte les propos des officiers turcs sans les interroger. Voyant que la question humanitaire suscite des discussions informelles entre les Français et les Turcs, le Quai d'Orsay rappelle néanmoins à Dumesnil que la guerre se poursuit et qu'il n'existe pas encore de relations diplomatiques officielles avec la GAN : « vous éviterez que les relations nécessitées par les circonstances et la courtoisie n'amènent [à] échanger [des] visites protocolaires qui pourraient nous placer dans une situation délicate [35]. » Graillet reçoit la même consigne. La question humanitaire vient se mêler aux enjeux liés aux futures négociations de paix et Dumesnil, qui la conçoit en termes d'inconvénients diplomatiques, cherche à articuler les logiques de ses supérieurs avec les contraintes locales. Face à l'évolution de la situation, Graillet et Dumesnil se positionnent en définitive comme deux acteurs majeurs de la diplomatie humanitaire à Smyrne.

Urgence et autonomie d'action

Au début de l'occupation turque, la situation humanitaire s'aggrave rapidement, poussant les Français à intervenir selon la marge de manœuvre dont ils disposent. S'ils veillent à conserver leur neutralité, ils sont confrontés à des situations qui les contraignent souvent à outrepasser leurs fonctions et leurs consignes. Chaque palier de violences franchi justifie ainsi l'extension de leur protection à de nouveaux réfugiés.

Dès le 11 septembre, les Alliés et les Américains sont informés du sort réservé aux populations chrétiennes de la ville. Quand Nurettin Paşa déclare sa volonté de les expulser ou de les diriger vers les territoires dévastés par l'armée grecque, Graillet et Dumesnil cherchent en effet à l'en dissuader pour les raisons économiques évoquées précédemment [36]. Dès lors, les Français agissent en connaissance de cause. Après l'évacuation des établissements français, la présence à bord des navires de près de 1 200 réfugiés met l'Amiral dans une situation embarrassante car la loi martiale interdit l'embarquement des réfugiés. Dumesnil cherche alors à se débarrasser rapidement de ces derniers, auxquels sa « protection n'est pas tenue de s'étendre », et se tourne vers Henri Chassain de Marcilly, l'ambassadeur de France à Athènes, à qui il justifie ainsi son intention de négocier le débarquement des réfugiés en Grèce :

J'ai assisté ici à la retraite de l'armée grecque, à l'abandon de toute une population qui s'était confiée pendant des mois au gouvernement hellénique alors que les atrocités commises par l'armée grecque pendant la retraite pouvaient

---

35. CADN, Ankara, vol. 209, annexe n° 11 au compte rendu de Dumesnil, 12 septembre 1922.
36. CADN, Smyrne, vol. 97, dép. de Graillet, 11 septembre 1922.

Violences, réfugiés et diplomatie humanitaire à Smyrne en contexte de guerre 37

faire craindre toutes les représailles, j'ai donc toute l'autorité voulue pour faire ressortir publiquement la honte qui rejaillirait sur le gouvernement d'Athènes en cas de refus de ma demande [37].

Le 17 septembre, un nouveau palier de violences est franchi par les autorités politiques : Nurettin Paşa proclame l'arrestation de tous les hommes grecs orthodoxes âgés de 18 à 45 ans. Cette mesure a pour but, d'une part, de les traduire en conseil de guerre, car ils sont suspectés d'avoir servi dans l'armée grecque pendant la campagne d'Asie Mineure, et d'autre part, de les empêcher de rejoindre les rangs de l'armée qui est encore en Thrace orientale. En réalité, cette mesure arbitraire entérine la déportation des chrétiens de tous âges pour rejoindre les bataillons de travail (*amele taburları*) à l'intérieur des terres. Elle contraint également le reste des réfugiés à évacuer la ville avant le 1ᵉʳ octobre, sous peine eux aussi de déportation. Au vu du danger que courent officiellement les populations chrétiennes, la situation change radicalement : il est désormais question de les évacuer avant l'échéance. Dans ce contexte, Graillet, qui pense être la prochaine victime, se présente comme l'héritier d'une tradition et prend la « responsabilité de protéger » les chrétiens d'Orient. Afin de contourner la loi martiale et de régulariser leur situation, il fait délivrer de fausses déclarations aux réfugiés. Ces passeports, qui accordent une protection symbolique, leur procurent le statut de protégés français et leur permettent d'embarquer. Comme cette mesure contrevient à leurs consignes, Graillet et Dumesnil la dissimulent et ne mentionnent que des « protégés français » dans leurs rapports. De l'autre côté de la mer Égée, Ferdinand Wiet, le consul de France à Salonique, signale en octobre à Marcilly la situation administrative dans laquelle il se trouve de ce fait :

Parmi les réfugiés, il s'en est trouvé 3 à 400 qui étaient porteurs de documents délivrés à la hâte par le consulat général de France à Smyrne et conférant la qualité de « protégés français » à leurs détenteurs. Dès leur débarquement, les intéressés se sont présentés en chancellerie pour réclamer à ce titre aide et protection. Avec tous les égards que comportaient les circonstances, j'ai dû leur représenter qu'il m'était impossible d'accueillir leurs démarches. De l'enquête à laquelle je me suis livré, il résulte en effet nettement que la délivrance des pièces produites, généralement constituées par des bouts de papiers, signées d'un des agents du poste de Smyrne et ainsi libellées « Bon pour s'embarquer ou laissez-passez pour M. ... Catholique protégé français ou Arménien protégé français » n'a été opérée par le consulat général de France à Smyrne que pour mieux permettre aux bénéficiaires de quitter précipitamment cette ville. Il s'agit, en définitive, d'un acte humanitaire justifié par la gravité de la situation au moment de l'incendie et de l'affolement général mais n'ayant eu qu'un caractère occasionnel n'attribuant pas le droit aux individus porteurs des documents en cause de revendiquer la protection consulaire française à l'étranger [38].

37. CADN, Ankara, vol. 209, tél. de Dumesnil à Marcilly, 15 septembre 1922.
38. AMAE-La Courneuve, série E Levant, Turquie, vol. 56, tél. de Wiet à Marcilly, 5 octobre 1922.

Début octobre, Wiet n'a encore reçu aucune consigne de son gouvernement. Alors que les autorités grecques semblent profiter du statut de « protégés français » accordé exceptionnellement aux réfugiés pour se délivrer de leur prise en charge, le consul et sa colonie ont jusque-là été contraints d'assumer l'aide matérielle et financière de ces personnes. À la fin du mois, Maurice Pellé, mis devant le fait accompli, n'a d'autre choix que de recommander à Graillet une « période de repos » et de demander son remplacement :

> M. Graillet m'a donné, au cours de l'occupation grecque, des preuves nombreuses de rectitude de jugement, de perspicacité et de dévouement. Quand je l'ai revu à Smyrne au lendemain de la débâcle et du grand incendie, je l'ai trouvé très frappé par la terrible épreuve qu'il venait de traverser. Ce que j'apprenais en même temps des grands services rendus par lui au cours de la tourmente m'avait fait espérer qu'il saurait se ressaisir [39].

À la veille des négociations pour la paix, la position prise par Graillet ne semble donc plus correspondre à la politique étrangère française en Asie Mineure.

Photographie 2 : Déportation d'un groupe d'hommes à Smyrne, photographie de Charles Dexter Morris, de la rédaction du Near East Relief, *septembre 1922.*

Source : *The National Geographic Magazine*, novembre 1925, p. 562. D.R.

---

39. *Ibid.*, vol. 22, tél. de Pellé au ministère des Affaires étrangères, 30 octobre 1922.

IMPROVISATION ET DIPLOMATIE HUMANITAIRE À SMYRNE

Établir un front commun

Depuis le début de septembre, les acteurs alliés s'informent mutuellement de la situation et de leurs entrevues respectives. Au départ, il s'agit en effet de former un front commun visant à protéger leurs intérêts nationaux. De cette manière, ils reproduisent à petite échelle la position diplomatique adoptée par leurs gouvernements pour résoudre la « question d'Orient ». Face à l'évolution de la situation humanitaire, ils maintiennent leur coopération qui est nécessaire pour secourir les réfugiés et qui se structure progressivement. Grâce à leur position, Graillet et Dumesnil se présentent comme des intermédiaires précieux entre ce front commun et les autorités turques.

Le 6 septembre, le haut-commissaire américain, Bristol, réunit les représentants des organisations américaines à Constantinople et crée un Disaster Relief Committee dirigé par Charles Claflin Davis, le directeur régional de l'American Red Cross (ARC)[40]. Ce comité a pour but d'évaluer les secours à envisager dans la région afin de fournir des éléments d'intervention au Secrétariat d'État américain. Plusieurs délégations sont ainsi envoyées à Rodosto, Mudanya et Smyrne où sont signalés d'importants mouvements de population. Craignant que les gouvernements grec et alliés ne se déchargent de leurs responsabilités, le secrétaire d'État Hughes demande à ses représentants à Athènes et Constantinople de ne divulguer aucune information à ce sujet[41]. Le 9 septembre, une délégation formée d'Arthur Japy Hepburn, de l'amiral de la flotte américaine, Harold Clarence Jacquith, le directeur du Near East Relief (NER) à Constantinople, et de Davis rejoint Smyrne.

En raison des pillages systématiques et de la coupure des voies de communication, la question du ravitaillement de la ville devient rapidement un problème dont témoigne Graillet :

> C'est presque le blocus du pays qui a commencé. *Aucun* ravitaillement par terre ou par mer n'arrive plus. Le prix des denrées de première nécessité a déjà notablement augmenté. La ville qui compte avec la présence des réfugiés plus de 500 000 habitants risque de manquer dans un délai rapproché des vivres indispensables[42].

Dès les premiers jours de l'occupation, les Français alertent leur hiérarchie sur l'évolution alarmante de la situation humanitaire. Sous

---

40. *FRUS*, 1922, vol. II, n° 325, p. 416, tél. de Bristol à Hughes, 6 septembre 1922.
41. *Ibid.*, n° 332, p. 419, tél. du Secrétariat d'État à Jefferson Caffery, 11 septembre 1922.
42. CADN, Smyrne, vol. 97, dép. de Graillet, 12 septembre 1922. Le mot en italiques est souligné par Graillet.

l'impulsion des membres du Disaster Relief Committee et des personnalités américaines locales, une aide provisoire se met alors en place [43]. En parallèle, Davis, Jacquith et Dumesnil cherchent auprès des autorités turques, qui semblent plus enclines à coopérer avec les Français qu'avec les Américains, le moyen de remédier efficacement à la situation. Néanmoins, Nurettin Paşa déclare à Davis le 12 septembre qu'il n'y a pas assez de nourriture pour l'armée et qu'il ne peut pas ravitailler les réfugiés [44]. Comme il en a déjà exprimé le souhait plusieurs fois, il s'agit de pousser ainsi ces derniers à partir. En revanche, lorsque Dumesnil et Graillet rencontrent le gouverneur, ils s'accordent pour établir une liaison quotidienne entre la résidence du gouverneur (*konak*) et le consulat afin d'envisager un plan de ravitaillement commun [45]. Dans ce but, le lieutenant Cemal bey est chargé de se rendre deux fois par jour au consulat. La question humanitaire s'invite dès lors dans chaque entrevue entre les Français et les autorités turques.

L'incendie de Smyrne détruisant les magasins et les entrepôts, le ravitaillement de la population restée sur les quais est rendu impossible. Les Alliés se réunissent le 14 septembre à l'initiative de Davis afin de définir un plan d'action réclamé par l'urgence humanitaire. Après le départ du consul Horton, l'intervention des organisations américaines dépend de l'autorité politique des Français et du degré de coopération existant. Durant la réunion, Lamb aurait rejeté chaque proposition, probablement par désintérêt puisqu'il quitte la ville avec sa colonie peu après. Le lendemain, les acteurs alliés, de nouveau réunis, s'accordent cette fois pour demander d'urgence aux gouvernements alliés l'envoi de vivres et de médicaments, ainsi que pour « donner tout le concours possible aux œuvres américaines dont l'action peut se faire le plus rapidement sentir » [46].

Dès lors, Dumesnil et Graillet cherchent à négocier avec les autorités turques la mise en œuvre de ces décisions. Le 15 septembre, ils rencontrent İzzettin Paşa, le gouverneur civil, afin de les lui soumettre et d'organiser une action commune [47]. Avant de l'informer qu'ils envisagent de ravitailler la ville, Dumesnil tient à savoir si des mesures ont déjà été prévues par les autorités locales. İzzettin Paşa répond par l'affirmative mais ajoute qu'« il n'a pas encore été possible d'en faire l'application ». En fin de journée, Dumesnil et Graillet rencontrent Kemal et İsmet Paşa, le commandant de la place, afin de parler de la situation générale. Kemal devant avoir l'accord de la GAN pour recevoir des délégués étrangers, seuls les représentants de la France et de l'Italie peuvent l'approcher.

---

43. *FRUS*, 1922, vol. II, n° 336, p. 421, tél. de Bristol à Hughes, 14 septembre 1922.
44. *Ibid.*, n° 337, p. 421, tél.de Bristol à Hughes, 14 septembre 1922.
45. CADN, Smyrne, vol. 97, dép. de Graillet, 12 septembre 1922.
46. *Ibid.*, vol. 26, procès-verbal de la réunion alliée, 19 septembre 1922.
47. CADN, Ankara, vol. 209, compte rendu du 15 septembre par Dumesnil, 19 septembre 1922.

Durant leur entrevue, Dumesnil fait part à Kemal de son intention de coopérer avec les autorités locales afin de favoriser l'intervention de l'ARC et du NER, de rouvrir les entrepôts et les fabriques de pain, et de faire venir de Constantinople des moyens supplémentaires. Le propos de Dumesnil illustre la manière dont la question humanitaire se mêle à d'autres enjeux politiques :

> Étant donné l'accueil qui m'a été fait à Smyrne par les autorités kémalistes, bien que je sois resté vis-à-vis d'eux sur la plus grande réserve, il m'a semblé en sortant que j'avais conquis suffisamment la confiance de [Mustafa] Kemal pour qu'il n'hésite pas à parler librement devant moi et à accepter toutes mes questions posées aussi librement, il m'a semblé, dis-je, que je devais lui offrir cette occasion de se servir de mon intermédiaire pour faire connaître son point de vue. [...] J'ai, cela va de soi, évité avec le plus grand soin, devant lui comme devant toute autorité turque, toute parole pouvant laisser supposer qu'il puisse y avoir, au sujet de la question d'Orient, un désaccord entre les Alliés, des décisions qui ne soient pas communes [48].

Les Français parviennent finalement à obtenir l'aval de Kemal et à permettre ainsi l'approvisionnement de la ville par les organisations américaines et la Division navale du Levant.

La DNL était jusque-là la seule organisation française impliquée à Smyrne. Sans le soutien du Quai d'Orsay, elle a en effet été conduite à assumer l'ensemble de la prise en charge matérielle et financière des réfugiés. Après un télégramme urgent de Dumesnil qui craint une famine, Flaminius Raiberti, le ministre de la Marine, demande à Raymond Poincaré d'intervenir ou de mandater la Croix-Rouge française pour soulager la DNL [49]. Le même jour, le diplomate et directeur des affaires politiques et commerciales au Quai d'Orsay, Jules Laroche, reçoit un appel de l'amiral Robert de Marguerye « pour le prier d'attirer l'attention du président du Conseil sur la fin du télégramme de l'amiral Dumesnil relatif à la situation des réfugiés et à la nécessité de leur prompt ravitaillement » [50]. Ainsi, la question humanitaire à Smyrne suscite au sein du gouvernement de vifs débats. Poincaré remet alors à Pellé le soin de prendre une décision [51]. Finalement, la prise en charge des réfugiés de Smyrne reposa uniquement sur la DNL. Au total, les dépenses s'élèvent à 76 191 francs, ce que Dumesnil justifie ainsi : « Je crois avoir [...] réduit au minimum les dépenses indispensables pour le nom Français dans une catastrophe aussi terrible que celle qui a ruiné Smyrne [52]. » En février 1923, le Quai d'Orsay, jusqu'ici en retrait, demande finalement au ministre de

---

48. *Ibid.*, tél. de Dumesnil à Pellé, 16 septembre 1922.
49. AMAE-La Courneuve, série E Levant, Turquie, vol. 55, tél. de Raiberti à Poincaré, 16 septembre 1922.
50. *Ibid.*, vol. 56, dép. interne du MAE, 16 septembre 1922.
51. CADN, Ankara, vol. 209, tél. de Poincaré à Pellé, 19 septembre 1922.
52. AMAE, série E Levant, Turquie, vol. 56, tél. de Dumesnil à Raiberti, 28 septembre 1922.

la Marine de lui adresser un état des dépenses exceptionnelles effectuées en septembre 1922 par la DNL afin d'effectuer le remboursement [53].

Négocier l'évacuation de Smyrne

L'urgence humanitaire suscitée par la destruction des habitats, l'absence de ravitaillement et la volonté répétée des autorités turques de déporter les populations orthodoxes et arméniennes incitent les Alliés à réagir rapidement. Le 15 septembre, s'étant accordés sur la menace qui pèse sur les 150 000 réfugiés, ils conviennent que la seule solution est de les évacuer par la mer [54].

Lourde d'enjeux diplomatiques, cette décision provoque d'importants débats aux échelons supérieurs. L'Américain Bristol, qui souhaite rester en retrait, considère en effet que la décision d'évacuer la ville revient aux hauts-commissaires alliés en raison du caractère politique de l'intervention et des moyens dont ils disposent sur place [55]. La mise en place d'un plan d'évacuation, estime-t-il également, est une question qu'ils sont seuls à pouvoir résoudre. La décision d'évacuer plusieurs dizaines de milliers de personnes implique par ailleurs de réfléchir sur le long terme aux moyens susceptibles d'être mobilisés une fois les réfugiés transférés. Si le Secrétariat d'État américain mandate pour ce faire des organisations privées, il considère qu'elles doivent être soutenues par les gouvernements alliés et grec, responsables, selon lui, de la situation ; il demande, en outre, des engagements de leur part. À Constantinople, la hiérarchie des priorités est différente et la proposition de Bristol ne suscite pas le soutien de ses homologues, occupés au même moment à résoudre la crise diplomatique liée à l'affaire de Çanak [56]. Craignant l'arrivée imminente de l'armée kémaliste dans la zone neutre des détroits, les hauts-commissaires, les commandants des corps d'occupation et les amiraux sont en état d'alerte et se concertent, sur fond de tensions franco-britanniques, pour adopter une attitude commune et un plan de défense de la région d'İzmit.

Au même moment, Nurettin Paşa officialise l'ordre de déporter les hommes et d'évacuer les réfugiés avant le 1er octobre. Les acteurs doivent négocier dans ce contexte les modalités d'évacuation avec les autorités locales. Il est unanimement convenu que la responsabilité de l'évacuation incombe à l'État grec. Néanmoins, la guerre se poursuit et il est impossible à ses navires d'accéder à la rade de Smyrne. Au nom du front

---

53. *Ibid.*, vol. 58, tél. de la Marine à Poincaré, 12 février 1923.
54. CADN, Smyrne, vol. 26, procès-verbal de la réunion alliée, 19 septembre 1922.
55. *FRUS*, 1922, vol. II, n° 341, p. 424-425, tél. de Bristol à Hughes, 18 septembre 1922.
56. *Ibid.*, n° 345, p. 427, tél. de Bristol à Hughes, 20 septembre 1922. L'affaire de Çanak est une crise diplomatique entre Raymond Poincaré et Lord Curzon consécutive au retrait des troupes françaises et italiennes de la rive anatolienne de cette localité. Elle consacre l'isolement de la Grande-Bretagne sur la « question d'Orient » et aboutit aux pourparlers d'armistice à Mudanya du 3 au 11 octobre 1922.

commun allié, l'amiral italien Pepe propose donc de demander directement à Kemal d'autoriser l'accès des navires grecs à la rade, de permettre l'embarquement des hommes âgés de 18 à 45 ans et de repousser l'échéance. Kemal répond qu'il doit au préalable en référer à son gouvernement, ce qui retarde la mise en œuvre du plan.

À Smyrne, les enjeux liés à l'évacuation de Smyrne se présentent différemment qu'aux échelons supérieurs. Les amiraux sont en effet directement confrontés à une urgence immédiate et ils n'attendent pas l'établissement du plan pour intervenir. Le 22 septembre, Hepburn obtient l'autorisation de Nurettin Paşa de faire entrer les navires grecs dans la rade à condition qu'ils battent pavillon neutre [57]. Dès le lendemain, ils embarquent 15 000 réfugiés et Dumesnil évacue 8 000 « protégés français ». De leur côté, les hauts-commissaires parviennent à un accord le 25 septembre [58]. C'est alors seulement que Bristol dévoile à ses homologues l'existence du Disaster Relief Committee et les actions qu'il mène, sans préciser toutefois le montant des fonds dont il dispose. Le plan sur lequel s'accordent les hauts-commissaires prévoit de confier la coordination des opérations aux amiraux alliés, Dumesnil, Tyrwhitt et Pepe, chargés également de négocier avec les autorités turques une prolongation du délai d'évacuation.

Le lendemain, les acteurs de Smyrne se réunissent afin de mettre en œuvre les instructions reçues [59]. En raison de sa position dans cette ville, Dumesnil prend la tête de l'organisation. Le même jour, Kemal refuse les demandes de Pepe. Le gouvernement britannique, qui perçoit cela comme « une condamnation à mort par inanition », demande à Poincaré que Dumesnil proteste [60]. A-t-il plus de chance de réussir ? Il est alors chargé par les autres membres de la réunion de demander une nouvelle prolongation de 15 jours du délai accordé aux réfugiés et de s'informer du traitement réservé aux hommes déportés qui ne peuvent pas être évacués. Nurettin Paşa répond favorablement à sa demande mais le délai supplémentaire ne prendra néanmoins effet qu'au terme de la première échéance, manière pour le général turc, selon l'Amiral, de se réserver « le droit de revenir sur cette faveur si les circonstances politiques venaient à l'exiger » [61]. Cela montre combien la question humanitaire influe sur les relations diplomatiques. Alors que se joue la résolution du conflit, les nationalistes turcs en font un moyen de pression sur les Alliés et la Grèce. Concernant les déportés, Dumesnil rapporte les propos du Général : ils reçoivent « toute la nourriture nécessaire » car « le blé est, paraît-il, abondant dans l'intérieur du pays ». Sarcastique, le destinataire note ce commentaire : « !!! On le connaît le blé. 12 balles dans la peau ou une corde

---

57. *Ibid.*, n° 352, p. 436, tél. de Bristol à Hughes, 28 septembre 1922.
58. *Ibid.*, n° 350, p. 433-435, tél. de Bristol à Hughes, 25 septembre 1922.
59. CADN, Smyrne, vol. 26, procès-verbal de la réunion alliée, 26 septembre 1922.
60. CADN, Ankara, vol. 209, tél. de Poincaré à Pellé, 25 septembre 1922.
61. CADN, Smyrne, vol. 26, note de Dumesnil pour les Alliés, 26 septembre 1922.

au cou. Quelle candeur [62] ! » En d'autres termes, il fait référence à la condamnation inévitable des déportés, exposés à un conseil de guerre dont l'issue est réglée d'avance ou à une exécution sommaire.

En raison du manque de moyens et de l'urgence, les acteurs alliés sont unanimes à se déclarer dans l'impossibilité d'établir une réelle coordination. Chaque amiral est libre de diriger les navires de transport là où les autorités grecques le permettent. Dumesnil est ainsi en lien constant avec Marcilly qui lui indique les îles vers lesquelles il peut envoyer les réfugiés. En parallèle, les localités côtières d'Ayvalık, d'Urla et de Çeşme sont respectivement confiées à Hepburn, Pepe et Dumesnil qui ont la mission de rendre compte de la situation et d'évaluer le nombre de réfugiés à évacuer. Chaque jour, les amiraux se transmettent les informations recueillies afin de favoriser un début de coordination. Si la grande majorité des réfugiés transitent par Lesbos et Chios, où le NER et l'ARC assurent le ravitaillement, d'autres sont dirigés directement vers la Crète, Salonique ou Kavala. Jusqu'à la mi-octobre, les amiraux continuent de veiller au transfert des réfugiés vers le continent, submergeant alors la Grèce de plusieurs centaines de milliers de nouveaux venus.

L'évacuation de Smyrne marque le départ définitif des populations orthodoxes et arméniennes de la ville. Elle ne met pas pour autant fin à la question de l'urgence humanitaire car les migrations forcées depuis la Thrace orientale, la Cappadoce ou le Pont-Euxin se poursuivent vers la Grèce bien au-delà de la fin de la guerre. Les débats que suscite la question humanitaire à Smyrne posent les bases d'une aide qui se structure progressivement dans la région sous la coordination de Fridtjof Nansen mandaté, le 19 septembre, pour étendre temporairement les activités du Haut-Commissariat pour les réfugiés russes de la SDN aux populations d'Asie Mineure [63]. Dans l'immédiat après-guerre, l'application du concept de diplomatie humanitaire permet ainsi de rendre compte des réseaux d'acteurs, de la diversité de ces derniers, des relations, congruentes ou conflictuelles, qui se tissent entre eux, du besoin d'autorité politique et de la part d'improvisation qui pallient momentanément le déficit institutionnel dans le but de répondre aux situations d'urgence humanitaire dans des contextes politiques marqués par des migrations intenses, des violences, de l'instabilité et une multiplicité d'enjeux. Autant d'éléments, en définitive, qui permettent de rendre aux événements leur complexité et d'en proposer de nouvelles lectures.

Stélios MORAÏTIS
Université Côte d'Azur, URMIS

---

62. Les mots en italiques sont soulignés par le destinataire.
63. AMAE-La Courneuve, série E Levant, Turquie, vol. 56, résolution n° 4 de la 3ᵉ Assemblée de la SDN, 19 septembre 1922.

Léopold II, roi des Belges et souverain du Congo : une figure historique confrontée aux mythes mémoriels

Léopold II est à l'histoire de la Belgique ce que Victor Hugo est à la poésie française : incontournable. Il ancre une monarchie constitutionnelle choisie par le Congrès national en 1831 dans la durée de la succession héréditaire. En ce qui concerne la formulation de la politique étrangère du pays, il a été déterminant. Le deuxième roi des Belges a non seulement ouvert la voie à une politique africaine mais également pressenti les impasses de la neutralité imposée. Si aujourd'hui la Belgique exprime ses faveurs pour le multilatéralisme européen et l'Alliance atlantique, c'est en partie parce que Léopold II a le premier relevé l'inanité d'une neutralité sans autre engagement politique des puissances que le respect de celle-ci. Et, à l'évidence, l'expertise africaine dont la Belgique peut se targuer au sein du Conseil de sécurité de l'ONU quand elle y siège, comme en 2019-2020, lui est largement attribuable. Sans la création par le roi de l'État indépendant du Congo (EIC) en 1885, la Belgique n'aurait jamais nourri d'intérêt spécifique pour cette région du monde. Et après la Première Guerre mondiale, elle ne se serait pas vu octroyer un mandat de la Société des Nations sur le Ruanda-Urundi, partie de l'Afrique orientale allemande de l'époque. Comme l'indiquait Jean Stengers, l'un des spécialistes reconnus de l'action du roi, si « l'on considère comme un "grand homme" celui qui – toute considération morale mise à part – a fait de grandes choses qui ont jailli essentiellement de sa personnalité, Léopold II est un de ceux qui répondent le mieux à cette définition [1] ».

En quarante-quatre ans de règne (1865-1909) et plus d'un siècle de représentations et de mémoires posthumes, Léopold II n'a pourtant guère cessé de susciter la controverse sur son action et son bilan. « Géant dans un entresol », « Roi des Belges et des belles », « Génie visionnaire », « Saigneur du Congo » ou « Léopard II », les clichés comme les caricatures

---

[1]. Jean Stengers, *Congo. Mythes et réalités*, Paris – Louvain-la-Neuve, Duculot, 1989, rééd. Bruxelles, Racine, 2005, 2007, p. 45.

sont légion à l'égard du Roi. Ainsi, au moment de la fondation de l'EIC, le Français Jules Ferry considère-t-il Léopold II comme un rêveur atteint de la « maladie des chimères », tandis que le plénipotentiaire italien mandaté à la Conférence de Berlin en 1885 voit dans le créateur du nouvel État du Congo un « Souverain dont le nom figurera dans l'histoire parmi les bienfaiteurs éminents de l'humanité »[2]. En 2020, le ministre australien de l'Agriculture et des Affaires aborigènes, Ben Wyatt, a estimé que ce « tyran malfaisant » ne devait plus être célébré comme il l'était depuis 1879 en Australie à travers le nom de King Leopold Ranges donné à une chaîne de montagne en raison du « grand intérêt porté par Sa Majesté à l'exploration »[3]. Cette même année, le philosophe français, Bernard-Henri Lévy, déclare : « Léopold II peut être critiqué, mais il a été le roi bâtisseur d'une Belgique au temps où il y avait une vraie Belgique. [...] »[4]. Enfin, Marcel Yabili, avocat congolais de Lubumbashi, met en garde : « si on doit aujourd'hui déboulonner Léopold II, on remet aussi en cause les frontières de l'époque, qui ont été le fruit d'une négociation politique. [...] Une bonne part de l'identité congolaise repose sur le souvenir de Léopold II et il ne faut pas réduire ce dernier à l'histoire des mains coupées[5] ». Le Roi a ceci d'extraordinaire qu'il parvient à faire la Une des journaux à la fois au début des XXe et XXIe siècles, à être tour à tour célébré et vilipendé, souvent d'ailleurs sans connaissance très approfondie du sujet et de son contexte. D'outre-tombe, il doit continuer de penser ce qu'il disait quelques jours avant de mourir : « [...] je n'ai jamais recherché la popularité, car la popularité, c'est comme les vagues de la mer, ça vient et ça repart[6] ». Face aux critiques, Léopold II était d'ailleurs lucidement résigné : « si je ne me défends pas, on prétend que les faits sont exacts, si je défends, on dit que les témoignages invoqués sont faux[7] ».

Il importe donc de séparer dans un premier temps l'homme, le roi des Belges et le roi-souverain du Congo pour comprendre les facettes diverses d'une personnalité hors du commun. Par la suite, une interrogation demeurera : comment un double chef d'État a-t-il pu mourir dans une relative indifférence, puis connaître une fulgurante gloire posthume suivie, plus récemment, d'un opprobre en raison de l'entreprise congolaise ? Ces oscillations de la mémoire s'écartent de la véracité historique, épousent les tropismes de leur époque pour verser dans les mythes. C'est en les déconstruisant qu'on parvient à expliquer pourquoi celui qui fut perçu comme un génie visionnaire au XXe siècle suscite au XXIe siècle

---

2. Jules Ferry au baron de Courcel, 16 décembre 1884, cité par *ibid.*, p. 58 ; Comte de Launay, 23 février 1885, Protocole et Acte général de Berlin, cité par Jean Stengers, *op. cit.*, p. 58.
3. *La Libre Belgique*, 12 juin 2020.
4. *Ibid.*, 20-21 juin 2020.
5. *Le Soir*, 5 août 2020.
6. M. van den Wijngaert, L. Beullens, D. Brandts, *België en zijn koningen*, Anvers, Houtekiet, 2000, traduction française : Bruxelles, Luc Pire, 2002, *Pouvoir et monarchie. La Belgique et ses rois*, p. 28.
7. *Ibid*.

une gêne qui va jusqu'au vandalisme sur ses statues, en particulier durant la vague iconoclaste provoquée dans le monde par le mouvement Black Lives Matter au milieu de l'année 2020 à l'encontre de cibles aussi diverses que Colbert, Churchill, Colomb, César, de Gaulle, Grant et Lincoln [8].

L'HOMME LÉOPOLD : UN HÉRITIER ENTREPRENANT

Avec une mère française (une Orléans), et un père allemand (un Saxe-Cobourg), Léopold est paradoxalement le premier souverain authentiquement belge, né sur le sol du Royaume au moment où la menace hollandaise existait encore [9]. En tant que duc de Brabant, il est le premier héritier de la Couronne. Son père avait pu choisir son propre destin [10] ; celui du fils est tout tracé. On ne devient pas roi, « on le naît », pourrait-on dire en inversant la fameuse phrase de Simone de Beauvoir sur les femmes, au terme d'une gestation qui, de surcroît, ne peut se conclure que par la mort d'un aïeul. Léopold ne choisit donc ni son métier ni la femme qui doit épouser avec lui la fonction royale : la raison d'être du Prince héritier est la raison d'État. Mais le duc de Brabant se projette dans un avenir plus grandiose que le petit pays neutre sur lequel il lui revient de régner sans vraiment gouverner, en vertu du système constitutionnel de la Belgique. L'esprit d'entreprise, voire d'aventure, s'immisce ainsi dans ce qui est une perspective sûre : le trône.

Le jeune homme est ambitieux et voit grand. Comme il ne peut encore rien décider, il voyage à la fois sur les continents en imaginant, à la manière de Jules Verne, des scénarios fictifs. Léopold n'a pas vingt ans quand il rêve de se muer en Garibaldi pour achever l'œuvre des révolutionnaires de 1830. Il s'imagine encore récupérer les provinces perdues et s'emparer *manu militari* d'autres territoires des Pays-Bas. Tailler des croupières dans l'Empire ottoman le tente aussi : il se verrait bien libérateur de Constantinople et empereur d'Orient. Si le royaume qui lui reviendra est petit, sa détermination à le faire grandir est d'emblée bien présente. On met souvent en exergue une exhortation exprimée dès 1861, dans les notes prises lors d'un voyage au Tyrol :

Il faut qu'un jour le drapeau belge flotte dans les cinq parties du monde. La Belgique doit devenir la capitale de l'Empire belge qui se composera, Dieu aidant, des îles du Pacifique, de Bornéo, de quelque point de l'Afrique et de l'Amérique, et enfin de portions de la Chine et du Japon. Voilà mon but, je suis

---

8. C'était déjà l'objectif de l'ouvrage collectif de Vincent Dujardin, Valérie Rosoux et Tanguy de Wilde (dir.), *Léopold II. Entre génie et gêne. Politique étrangère et colonisation*, Bruxelles, Racine, 2009.
9. La Belgique se sépare du Royaume des Pays-Bas par la Révolution du 1830, mais les Hollandais n'admirent l'existence et l'assise territoriale du nouvel État qu'en 1839, quatre ans après la naissance du futur Léopold II.
10. Léopold de Saxe-Cobourg (1790-1865) a d'abord décliné la Couronne de Grèce avant d'accepter celle de Belgique.

seul à le poursuivre, en surexcitant la fibre nationale, je me crée des apôtres et des soutiens. Bruxelles, [...], deviendra une ville hors ligne. La principale et la plus belle agglomération de la Belgique, devenue elle-même la capitale, le centre de l'Empire belge tel que je l'ai défini [11].

Ces pensées chimériques sont pleines d'enseignements, au-delà même des rêves d'expansion. Quand le duc de Brabant note à la fois qu'il est « seul » à poursuivre ce dessein tout en se créant « des apôtres et des soutiens », il indique une réalité. Avec certains collaborateurs, il se construit déjà un « arsenal » documentaire pour l'exploration géographique [12]. Mais très vite aussi, il perçoit l'immobilisme et une certaine indifférence chez ses compatriotes, « avocats de l'étouffement de la Belgique à l'intérieur de ses frontières actuelles » [13].

Éminemment intéressé par le commerce, l'industrie et l'exploration géographique, Léopold II a été, avant son règne, un lecteur et un voyageur attentif. Parallèlement à son rôle constitutionnel, il n'a de cesse de donner à la Belgique une expansion outre-mer quelle qu'en soit la forme, comptoirs commerciaux ou colonies à mettre en valeur. Cette quête obstinée est la marque de la singularité du deuxième roi des Belges. Elle suscitera bien des sarcasmes au sein d'une classe politique réticente. Si cette détermination n'avait finalement abouti grâce à l'exploration du bassin du Congo, Léopold II aurait pu passer dans l'histoire pour un original, animé d'une passion constamment nourrie mais inassouvie, collectionnant un certain nombre de vaines tentatives. Concernant l'Outre-mer, le Congo ne lui apparaît d'ailleurs que comme une étape. En 1892, il persiste encore à dessiner les contours d'un empire potentiel, comme le rapporte de Béthune, le vice-président du Sénat de Belgique :

[...], je voudrais faire de notre petite Belgique avec ses six millions d'habitants la capitale d'un empire immense ; et cette pensée, il y a moyen de la réaliser. Nous avons le Congo ; la Chine est en période de décomposition ; les Pays-Bas, l'Espagne, le Portugal sont en décadence ; leurs colonies seront un jour au plus offrant. [...] [14].

---

11. Sur tout ceci : Vincent Dujardin, Valérie Rosoux et Tanguy de Wilde (dir.), *op. cit.*, en particulier les contributions de Jan Vandersmissen, « Léopold II et sa doctrine coloniale du Duc de Brabant à 1885 », p. 83-103, et de Tanguy de Wilde, « Léopold II et la représentation impériale dans la littérature », p. 315-327.
12. Parmi ses collaborateurs, le futur roi compte A. Brialmont à qui il écrit, au début de la même année 1861 : « Mon intention est de me composer une sorte de bibliothèque contenant tous les renseignements que nous pourrons recueillir sur la Chine, le Japon et les colonies en général. Cette collection nous servira d'arsenal... Il faut que je reçoive tout ce qui existe, tout ce qui paraît en fait de livres, cartes ou brochures traitant de l'Extrême-Orient et des colonies ». Cet arsenal, les lectures du roi, son insertion dans le mouvement géographique du XIXe siècle et l'élaboration de sa doctrine coloniale jusqu'en 1885 sont minutieusement étudiés dans : Jan Vandersmissen, *Koningen van de wereld. Leopold II en de aardrijkskundige beweging* [Rois du monde. Léopold II et le mouvement géographique], Louvain, Acco, 2009.
13. Vincent Dujardin, Valérie Rosoux et Tanguy de Wilde (dir.), *op. cit.*, p. 318.
14. J. Willequet, *Le Baron Lambermont*, Bruxelles, La Renaissance du Livre, 1971, p. 110.

En lisant ces propos, une question se pose : doit-on considérer Léopold II comme un mégalomane ? Certes, le roi entend voir plus loin et plus grand que l'assise territoriale du royaume, et il agit avec ambition et audace, ce qui tranche avec le milieu politique où il évolue. Mais il a, dans le même temps, la conscience aiguë d'être à la tête d'un petit pays. Léopold II entend résolument faire croître ce dernier et pour ce faire, il y a à ses yeux deux possibilités et une condition. Un petit pays neutre ne peut s'élever que par la mer, par le caractère de ses dirigeants, mais à la condition première d'avoir une force armée dissuasive. Cette conviction anima le deuxième roi des Belges jusqu'à son dernier souffle.

En réalité, l'homme Léopold a été aspiré par la fonction héréditaire, comme il ressort du discours suivant son accès au trône en 1865 : « Dans ma pensée, l'avenir de la Belgique s'est toujours confondu avec le mien et toujours je l'ai considéré avec cette confiance qu'inspire le droit d'une nation libre [...] [15] ». Mais il tient d'emblée à se placer au-dessus de la mêlée partisane : « Ma mission constitutionnelle me range en dehors des luttes d'opinion, laissant au pays lui-même à décider entre elles [16] ». Le mariage contracté pour des raisons politiques avec Marie-Henriette de Habsbourg-Lorraine n'a pas été heureux. La perte précoce de leur fils unique, emporté par la maladie à l'âge de dix ans, a profondément meurtri le roi et n'a pas apaisé ses relations avec son épouse. Ceci peut expliquer les amours morganatiques du roi et sa propension à se réfugier dans le travail.

Au XIXe siècle, le clivage entre progressistes et conservateurs se lit différemment d'aujourd'hui : un entrepreneur qui participe à la révolution industrielle et ouvre des marchés à l'étranger, un explorateur qui scrute les dernières *terrae incognitae*, participent au *progrès* et le diffusent. Et quand on parle d'œuvre civilisatrice européenne outre-mer, le terme civilisation s'entend d'une communauté qui a assimilé le dernier cri des progrès scientifiques et qui peut les partager. Le progressiste s'aventure dans le monde ; le conservateur reste chez lui. À la manière du siècle, Léopold II est donc progressiste. Sorte de *business king*, il est dans la lignée des grands capitaines d'industrie de l'époque, comme Empain ou Solvay, qui iront porter le savoir-faire belge à travers le monde, par exemple en Chine, en Égypte, en Russie [17].

---

15. Chambres réunies, Prestation de serment et discours du roi Léopold II, Bruxelles, 17 décembre 1865, *Moniteur belge*, 18 décembre 1865.
16. *Ibid.*
17. Notamment, W. Peeters et J. Wilson, *L'Industrie belge dans la Russie des tsars*, Liège, Perron, 1999.

LE DEUXIÈME ROI DES BELGES : UNE CERTAINE IDÉE DE LA DÉFENSE

Oublions un instant la passion du roi pour la géographie et l'Outre-mer pour nous pencher sur son exercice de la monarchie constitutionnelle. Contrairement à son père, homme d'Ancien Régime, il ne s'étonne pas de l'obligation du contreseing ministériel et, de ce fait, de la restriction des pouvoirs royaux ; il s'en accommode, même s'il n'en pense pas moins [18]. En outre, Léopold II a, face à lui, une classe politique bien formée alors qu'elle était balbutiante en 1831, ce qui permettait au premier roi, par exemple, d'avoir presque un domaine réservé en politique étrangère, grâce à son réseau monarchique en Europe [19]. Ceci induit une posture assez classique de monarque constitutionnel qui use de son droit d'être consulté, d'encourager et de mettre en garde, selon les termes fameux du journaliste britannique Walter Bagehot [20]. Et Léopold II ne se prive jamais d'encourager et de mettre en garde quand l'intérêt supérieur du pays est en jeu. Face aux ministres, il est capable de s'affirmer, d'exprimer vivement la royale volonté. Celle-ci se déploie dans un « grand dessein », un programme royal pour l'avenir de la Belgique qu'il explicite en 1888 dans une lettre à son frère Philippe, le comte de Flandre :

Ce pays ne s'inquiète pas assez de son avenir et n'a pas de politique. Il importe hautement que la maison royale en ait une. Si les Hohenzollern, si la maison de Savoie, si les Habsbourg n'avaient pas eu de politique, où en seraient-ils ? Notre politique se résume en quatre mots : la patrie doit être forte, prospère, par conséquent posséder des débouchés à elle, belle et calme [21].

On a là tout ce qu'a voulu être Léopold II et, pour une large part, ce qu'il réalisa : être un médiateur entre les intérêts partisans, un roi bâtisseur qui embellit la patrie, un entrepreneur économique et colonial, un commandant en chef soucieux de la défense du territoire face aux périls et aux pièges de la neutralité. On ne reviendra pas ici sur l'héritage urbanistique de Léopold II tant il est incontestable, qu'il ait été financé grâce ou sans les bénéfices de l'exploitation du Congo. En réalité, dès son discours

---

18. Dans *L'Action du roi en Belgique depuis 1831. Pouvoir et influence* (Paris – Louvain-la-Neuve, Duculot, 1992, p. 33), Jean Stengers cite à ce propos une lettre de Léopold II au chef de cabinet de l'époque, W. Frère-Orban, en date de mars 1883, dans laquelle le Roi fustige une loi militaire soumise à sa signature mais injustifiable à ses yeux : « Si vous l'exigez, je céderai, que puis-je faire ? Mais il doit m'être permis avant de courber la tête de vous dire que la mesure est mauvaise et qu'un ministre soucieux des intérêts de l'armée ne l'aurait pas proposée ».

19. Sur l'action diplomatique du premier souverain belge, importante via le réseau monarchique dans lequel il s'insérait à l'époque, notamment : Louis de Lichtervelde, *Léopold 1er et la formation de la Belgique contemporaine*, Bruxelles, Dewit, 1927 ; Carlo Bronne, *Léopold 1er et son temps*, Bruxelles, Dessart, 1943 ; Frédéric Marchesani, *Léopold 1er. Roi diplomate*, Bruxelles, Luc Pire, 2007 ; Gita Deneckere, *Leopold I. De eerste koning van Europa* [Léopold 1er. Le premier roi d'Europe], Anvers, De Bezige Bij, 2011.

20. Bagehot écrit entre 1865 et 1867 une série de textes dans un périodique sur les pouvoirs de la reine Victoria avant de les réunir dans son célèbre ouvrage *The English Constitution*, Londres, 1867.

21. Jean Stengers, *L'Action du roi en Belgique depuis 1831…*, *op. cit.*, p. 27.

de majorité au Sénat en 1856, le futur roi nourrissait un vif intérêt pour le développement des villes et cette passion architecturale fut facilitée quand de nouveaux moyens devinrent disponibles [22]. Mais Léopold II est, en Belgique, un monarque constitutionnel conscient à la fois de l'ampleur et des limites de son rôle. Les questions liées à la défense nationale en sont le meilleur exemple.

Tout au long de son règne, le Roi se méfia des puissances continentales et douta du respect de leur engagement à l'égard de la neutralité belge. Les penchants annexionnistes de Napoléon III l'inquiètent, à raison [23]. Le machiavélisme de Bismarck ne le rassure pas. Et la *Weltpolitik* prônée plus tard par Guillaume II l'atterre. Sa conviction est faite : le « miracle » de 1870 ne se répétera pas ; une guerre entre les garants de la neutralité belge, en l'occurrence la Prusse et la France, ne saurait se dérouler sans que ces derniers usent du territoire belge comme d'une voie de passage pour régler leur différend [24]. La neutralité de la Belgique ne sera respectée que si la force militaire du royaume constitue un obstacle significatif. La garantie juridique octroyée par les puissances doit se doubler d'une garantie physique qui ne dépend que de la Belgique. D'où, contre vents et marées, la volonté du roi de développer des fortifications et une armée digne de ce nom en remplaçant, quelques heures avant sa mort, le tirage au sort par l'organisation d'une conscription finalement généralisée à un fils par famille. Dans ce dessein, le roi s'opposa à tous ceux qui, au sein des partis politiques, ne voulaient pas de la conscription ou des ouvrages d'art militaire. Certains s'accommodaient du tirage au sort, d'autres considéraient l'armée comme un lieu de perdition, d'autres encore ne voulaient pas d'une ceinture de forts autour de leur ville. Des dogmatiques s'accrochaient à la neutralité comme à un talisman et, avec les convaincus du pacifisme international, pensaient que la vulnérabilité même incitait les puissances à respecter leurs engagements. Quelle que fût la formation politique à laquelle appartenaient ces antimilitaristes, le Roi usa de toute sa capacité d'entregent pour faire avancer sa conception de la défense nationale. Il tenta même vainement, lors d'une révision de la Constitution, d'introduire un référendum d'initiative royale afin de pouvoir, face aux réticences des élus, s'adresser directement au peuple pour les questions militaires. Mais ces derniers n'entendirent pas conférer ce pouvoir au Chef de l'État qui, fidèle à sa logique constitutionnelle, finit par s'incliner.

---

22. Liane Ranieri, *Léopold II urbaniste*, Bruxelles, Hayez, 1973.
23. Jean-Léo, *Napoléon III et la Belgique*, Bruxelles, Racine, 2003, et baron Eugène-Napoléon Beyens, *Le Second Empire vu par un diplomate belge*, Bruges, Desclée et Paris, Plon, 1924 (t. 1), 1926 (t. 2).
24. À ce propos : Philippe Raxhon, « Léopold II, un roi déterminé face à la guerre franco-allemande de 1870 », et Francis Balace, « Krieg im Sicht (1904-1908). Le mythe d'un roi francophile », *in* Vincent Dujardin, Valérie Rosoux et Tanguy de Wilde (dir.), *op. cit.*, p. 105-125 et p. 127-144.

Sur la question proprement dite du commandement en chef des armées, Léopold II eut une position plus modérée que son prédécesseur et que ses successeurs. Certes, comme son père, il estimait par principe que le commandement en chef des armées était une prérogative personnelle du roi, ne nécessitant pas le contreseing ministériel. Ceci en raison du serment prononcé en montant sur le trône où le Roi jure, entre autres, de « maintenir l'intégrité du territoire », ce qui suppose de commander les armées. Il s'agit bien évidemment là d'une interprétation de Léopold 1er qui instaura sur ce point une coutume qui fit couler beaucoup d'encre. Mais dans le contexte de la guerre menée par les Hollandais en 1831, la détermination du premier roi, couplée à son expérience militaire dans l'armée russe, n'avait pas été contestée. L'État à peine sorti des fonts baptismaux faisait alors face à une menace existentielle : l'initiative royale fut donc saluée de toutes parts [25].

La situation est différente en 1870 : la menace est aux portes du royaume mais ce dernier n'est pas envahi. Sur pied de guerre, l'armée protège les frontières méridionales et orientales du pays. Léopold II ne se rend cependant pas sur le terrain. Il donne ses ordres depuis Bruxelles en compagnie de son conseiller militaire et du ministre de la Défense, laissant la direction effective des opérations aux officiers supérieurs déployés dans l'armée d'observation et celle d'Anvers. Cette dernière protège la métropole, qui est destinée à servir de dernier réduit en cas d'invasion, tandis que l'armée d'observation scrute, comme son nom l'indique, les mouvements prussiens et français pour parer toute velléité de franchissement de la frontière belge de la part de belligérants. Mais surtout, durant cette crise aiguë, Léopold II mobilisa ses contacts, en particulier sa cousine, la reine Victoria d'Angleterre, tantôt pour apaiser la tension franco-prussienne, tantôt pour inciter les puissances à réaffirmer leur garantie à l'égard de la neutralité belge [26]. L'ensemble de ces initiatives se fit en bonne intelligence avec le gouvernement : aucune « question » royale ne se posa à cette occasion, au contraire de ce qui se produisit en 1918 et, bien davantage encore, en 1940 [27].

---

25. Cette guerre est connue dans l'histoire de la Belgique comme la guerre des Dix jours. Bousculé par les Hollandais au début d'août 1831, le jeune État, secouru par la France, garante de sa neutralité, repoussa les troupes du Royaume des Pays-Bas.

26. À ce propos : Philippe Raxhon, *op. cit.*, p. 105-125.

27. En 1918, le roi Albert (1875-1934) eut un vif échange avec son chef de gouvernement, de Broqueville, qui voulait soumettre tous les actes du Roi, y compris les décisions prises dans le cadre des opérations de guerre, au contreseing ministériel, ce qui provoqua une rupture de confiance et la démission du chef de cabinet, l'équivalent du Premier ministre à l'époque. Ce fut toutefois sans conséquence pour le Roi-chevalier bientôt auréolé du prestige de la victoire alliée en 1918. En revanche, la rupture entre le roi Léopold III (1903-1983) et ses ministres sur la nécessité ou non de capituler face au rouleau compresseur allemand en mai 1940 fut à la base de la question royale et de l'abdication du roi en 1950.

LE ROI-SOUVERAIN DU CONGO : UNE CERTAINE IDÉE DE L'INSERTION AU SEIN DES PUISSANCES AU XIXᵉ SIÈCLE

Avec le Congo, le roi-souverain va créer un adjectif : léopoldien. On opposera l'EIC, le Congo léopoldien (1885-1908), au Congo belge (1908-1960), l'entreprise d'un homme et la colonie d'une métropole. Il ne faut évidemment pas exagérer la dichotomie. Léopold II n'est pas tout à fait seul et l'État n'est pas complètement absent dans la création et la gestion de l'EIC. Certes, la classe politique au parlement et au gouvernement est, au départ, très majoritairement sceptique, sinon opposée à ce qui lui apparut d'abord comme une coûteuse chimère ou une foucade royale peu raisonnable. Mais Léopold II eut à son service une série de hauts fonctionnaires, dont Lambermont et Brialmont sont les plus connus. En outre, le parlement joua trois rôles essentiels : il donna son accord pour que le Roi devienne le chef d'un autre État ; il lui octroya des prêts quand l'entreprise congolaise eut presque englouti la fortune personnelle du souverain et il décida d'annexer l'EIC en 1908 pour mettre fin aux critiques sur l'exploitation économique et les abus commis sur les populations indigènes.

À propos de l'EIC, nous nous bornerons ici à évoquer essentiellement trois points : l'habileté diplomatique de sa création dans un contexte géopolitique marqué par la rivalité des puissances européennes, les conditions effectives de son exploitation économique et la question de la singularité ou non de l'entreprise au regard de la conjoncture belge et internationale.

Portée par un courant géographique qui entend découvrir les dernières contrées inexplorées, la fin du XIXᵉ siècle voit se terminer la période dite « colombienne » par le géographe britannique Halford MacKinder, à savoir celle des grandes découvertes inaugurées par Christophe Colomb [28]. Avant que la planète ne fasse l'objet d'une appropriation politique complète, les puissances rivalisent pour se partager un dernier eldorado : l'Afrique. Le Royaume-Uni rêve de contrôler un axe allant du Cap au Caire ; la France voit dans le terrain colonial une compensation à sa perte de prestige après la guerre franco-prussienne ; le Portugal s'accroche à un passé impérial glorieux et l'Allemagne, trop longtemps occupée à s'unifier, entend rattraper le temps perdu Outremer. Voilà le contexte avec lequel Léopold II doit composer. Il veilla, en particulier, à ne jamais contrarier dans ses desseins outre-mer l'une des puissances européennes garantes de la neutralité de la Belgique en Europe. Saisissant l'occasion d'engager l'explorateur Stanley à son service, le roi commença par promouvoir des associations internationales d'exploration scientifique dotées d'intentions philanthropiques (la lutte contre la traite humaine, notamment) pour s'assurer progressivement la maîtrise du grand

---

28. MacKinder devint célèbre après la parution en 1904 dans le *Geographical Journal* de son article sur « The Geographical Pivot of History ».

bassin du Congo. Dans le contexte nationaliste qui vient d'être décrit, il perçoit qu'il est politiquement nécessaire de se faire reconnaître comme chef d'un nouvel État, quand bien même les frontières de celui-ci ne sont dessinées que sur la carte et que certains des territoires qu'elles contiennent n'ont même pas encore été explorés. Mais pour ce faire, il lui faut amadouer les puissances et leur concéder un accès à l'EIC en accordant la liberté de commerce et de culte. En outre, Léopold II se concilie la France et le Royaume-Uni dont la rivalité en Afrique culmine à la fin du siècle dans l'incident de Fachoda [29]. D'un côté, il donne à Paris un droit de préférence au cas où il serait amené à se défaire du Congo. De l'autre, il lance aux Britanniques et aux Portugais un message subliminal : en cas d'abandon de l'EIC par Léopold II, les possessions françaises s'accroîtraient ; il est donc opportun pour Londres et Lisbonne de voir Léopold II réussir son pari. La création de l'EIC est le fruit d'une habileté diplomatique aussi audacieuse que réfléchie.

Face à l'ampleur de la tâche à accomplir, il y a chez Léopold II une sorte de foi coloniale inébranlable. Pourtant, les conditions de réussite économique n'étaient guère garanties dans un « État sans douanes » assurant la liberté de commerce. L'EIC n'échappa à la banqueroute que grâce au ballon d'oxygène de prêts étatiques venant de Belgique et à un retournement de conjoncture subit : la découverte du caoutchouc, ressource d'avenir liée au développement de l'automobile. Cette opportunité soudaine s'inscrivit dans une réforme instaurée peu de temps auparavant par Léopold II : le régime domanial. En vertu de ce dernier, toutes les terres qui ne sont pas cultivées par les populations locales sont déclarées vacantes et propriété de l'EIC. Les ressources (ivoire, caoutchouc) que ces terres renferment appartiennent à l'État qui peut les exploiter à sa guise, notamment en concédant ces activités à de grandes entreprises. Quant aux populations locales, elles ont l'obligation de récolter ces ressources pour les remettre sous la forme d'impôts à l'État. S'ouvre alors pour l'EIC et le roi-souverain une contradiction géopolitique classique liée à l'exploitation des ressources : le Congo devient soudain une entreprise florissante ; l'utopie coûteuse de départ fait place à une réalité bénéficiaire, mais les conditions d'exploitation des populations locales, revenant à rétablir, avec un cortège de violences, une forme de travail forcé, sont indignes.

Léopold II n'a jamais ordonné ces actes de violence mais, en tant que roi-souverain, il est responsable de ce qui se déroule dans l'EIC. La distance entre Bruxelles et Boma est grande et le temps nécessaire à la transmission des informations est long. Certains agents de l'EIC en profitent pour abuser des populations locales en toute impunité [30]. Il faut rappeler

---

29. Ville du Sud-Soudan actuel, Fachoda était situé au carrefour des axes d'expansion de la France (de Dakar à Djibouti) et du Royaume-Uni (du Cap au Caire). Ce poste colonial fut occupé en 1898 par les Français, qui durent s'en retirer sous la pression britannique.
30. Sur cette question : P.-L. Plasman, *Léopold II, potentat congolais. L'action royale face à la violence coloniale*, Bruxelles, Racine, 2017, et *Éclairage sur l'administration de l'État indépendant du Congo (1885-1908)* dans le rapport d'experts de la Commission spéciale chargée d'examiner l'État indépendant

qu'en 1908, pour un territoire aussi vaste, la présence belge et européenne – quelques centaines de personnes au début, trois milliers à la fin de l'EIC – est limitée et éparpillée. Le roi, qui n'alla jamais au Congo, est relativement mal informé et découvre parfois dans sa lecture quotidienne du *Times* de Londres des accusations qui font froid dans le dos. Léopold II, ayant bien compris que ces actes ternissaient la réputation de son entreprise coloniale, donne des ordres pour remédier à la situation mais ceux-ci ne furent jamais véritablement à même d'endiguer une violence systémique qui s'était installée pour exploiter les ressources. D'où la perte de crédit au niveau international d'abord et la crispation du Roi qui, vieillissant et têtu, soupçonne, derrière les critiques, une jalousie anglo-saxonne. L'instauration de commissions d'enquête en Belgique, dont les conclusions dénoncent le système mis en place dans l'EIC, laissa progressivement entrevoir la solution qui, *in fine*, régla la question en 1908 : la reprise du Congo par la Belgique.

Léopold II et l'EIC sont à la fois singuliers et en phase avec le contexte belge et international. Au niveau mondial, l'Europe domine encore largement la planète et l'empire britannique de sa cousine Victoria est perçu comme un modèle. Certes, cet empire très étendu s'affirme en guerroyant et en exploitant, le cas échéant en réprimant, mais il est considéré comme une œuvre majeure de propagation du progrès. Même Nelson Mandela indiqua plus tard l'apport de l'empire à sa personne : « J'ai été éduqué dans une école britannique, à une époque où, tout ce qu'il y avait de meilleur dans le monde était, d'une manière ou d'une autre, lié à la Grande-Bretagne. Je n'ai pas renié l'influence que ce pays, son histoire et sa culture ont exercée sur nous [31] ». Les autres puissances coloniales sont moins importantes (France, Portugal, Allemagne, Pays-Bas) ou sont déjà en déclin (Espagne), mais elles sont bien installées quand Léopold II ambitionne une expansion outre-mer. Ce qui fait la singularité de la Belgique, c'est son insertion audacieuse dans cette compétition et la prétention de son souverain d'agir à titre personnel. En revanche, la révolution industrielle qui bat son plein et le développement des moyens de locomotion qui suscitent des demandes de matières premières propices à l'exploitation des colonies constituent un contexte général. Un marché mondial absorbe les produits des colonies et l'exploitation du Congo n'y fait pas exception. Là comme ailleurs, la fin économique justifie beaucoup trop facilement les moyens de production et leur coût humain. Longtemps après la reprise du Congo par la Belgique par exemple, en 1931, la Société des Nations dénonce encore le travail forcé imposé par les Américano-Libériens aux populations autochtones du Liberia pour la récolte du caoutchouc [32].

---

du Congo et le passé colonial de la Belgique au Congo, au Rwanda et au Burundi, ses conséquences et les suites qu'il convient d'y réserver (Chambre des représentants de Belgique, 26 octobre 2021, DOC 55 1462/002), p. 419-449, ci-après dénommé : rapport d'experts « Passé colonial ».

31. Zbigniew Brzezinski, *Le Grand échiquier*, Paris, Bayard, 1997, p. 45.

32. Le Liberia, limité au départ à Monrovia et ses environs, a été fondé par une société anticoloniale des États-Unis pour y installer des anciens esclaves noirs américains après leur affranchissement. Indépendant depuis 1847, le pays fut dirigé par les descendants de ces Américano-libériens jusqu'en 1980. D'où l'opposition entre ces derniers et les populations autochtones.

L'époque est aussi au darwinisme social, l'idée selon laquelle les communautés humaines sont en compétition et évoluent à des rythmes différents. On retrouve, par exemple, ces accents dans les écrits du géographe allemand Friedrich Ratzel ou du stratège naval américain Alfred Thayer Mahan, tous deux précurseurs de la pensée géopolitique [33]. L'affirmation de la supériorité de la civilisation euro-américaine et la justification du colonialisme pour la répandre y apparaissent de manière diffuse. Chez certains hommes politiques européens, le darwinisme social devient une sorte de supplément de responsabilité pour les sociétés avancées au profit des sociétés moins avancées, un devoir moral. Jules Ferry, le père de l'école publique en France, président du Conseil, déclarait ainsi en 1885 à l'Assemblée nationale française : « Il faut dire ouvertement qu'en effet, les races supérieures ont un droit vis-à-vis des races inférieures, parce qu'il y a un devoir pour elles. Elles ont le devoir de civiliser les races inférieures [34] ». Le jeune Winston Churchill débarquant dans la perle de l'Empire en 1896 magnifie aussi « la grande œuvre qu'accomplissait l'Angleterre aux Indes, cette haute mission de gouverner les races primitives mais pas déplaisantes à leur profit et au nôtre » [35]. En Belgique, Léopold II, surtout préoccupé par l'aspect économique de l'Outre-mer, mêle des objectifs à caractère philanthropique au-delà de la seule éradication de la traite.

Dans son ensemble, la classe politique restait prudente, voire réticente à l'égard de l'EIC, ou était carrément opposée à son mode d'exploitation. Parmi les trois formations traditionnelles, les socialistes furent les derniers à se rallier à l'idée d'une reprise du Congo. Mais Émile Vandervelde, le futur grand patron du Parti ouvrier belge, farouchement opposé à l'exploitation capitaliste de l'EIC, est néanmoins persuadé de la supériorité de la civilisation européenne et de son devoir de propager le progrès dans le monde, assimilé chez lui à un paternalisme humanitaire colonial. Il déclare ainsi en 1908 : « [...] je crois que la colonisation même est un fait de tous les temps et que l'on continuera à coloniser quel que soit le régime de production, aussi longtemps qu'il y aura des peuples barbares et des peuples civilisés ». Dès lors, Vandervelde prône, en 1911, après un nouveau séjour au Congo, une « politique indigène socialiste », estimant que l'intervention civilisatrice doit se faire « dans l'intérêt direct des indigènes et, seulement, dans l'intérêt indirect des "civilisateurs" » [36]. Cette

---

33. Notamment, Alfred Mahan, *The Interest of America in Sea Power. Present and Future*, recueil d'articles paru en 1897, ou Friedrich Ratzel, *Die Gesetze des räumlichen Wachstums der Staaten* [Les lois de l'expansion spatiale des États], 1896.

34. *Journal officiel de la république française*, 29 juillet 1885, Discours à l'Assemblée nationale, Paris, 28 juillet 1885.

35. Andrew Roberts, *Churchill*, Paris, Perrin, 2020, p. 57.

36. Serge Deruette et Kris Merckx, *La Vie en rose : réalités de l'histoire du parti socialiste en Belgique*, Bruxelles, EPO, 1998, p. 45-46. En réalité, pleins d'enseignements, de nuances et de critiques argumentées, les écrits d'Émile Vandervelde sur le Congo valent le détour : *Les Derniers Jours de l'État du Congo : Journal de voyage (juillet-octobre, 1908)*, Paris, Édition de la Société Nouvelle, 1909, et *La Belgique et le Congo : le passé, le présent, l'avenir*, Paris, Félix Alcan, 1911.

tendance générale ne doit certes pas faire oublier les voix discordantes récusant par principe toute entreprise coloniale et ses prétentions « civilisatrices », Clemenceau en France ou Louis Bertrand, fondateur du Parti ouvrier belge et ministre d'État, par exemple, ou encore l'originalité du jeune Paul Otlet, préconisant de rapatrier des noirs américains pour développer le Congo sous une tutelle belge plus effacée [37].

Ces divers éléments de contexte propres au tournant des XIXe et XXe siècles indiquent bien la nécessité de se pencher sur le passé sans tomber dans le piège de l'anachronisme et du moralisme contemporains. La vérité est crue, mais il est aisé de la comprendre sans verser dans le jugement anhistorique. Les personnalités politiques d'antan sont complexes et présentent *en même temps* plusieurs facettes. En ce sens, Léopold II peut être étudié comme on scruterait, par exemple, Washington et Napoléon. Le père fondateur américain avait beaucoup de mérites mais il possédait sans vergogne des esclaves. Napoléon était un stratège et un visionnaire exceptionnel, mais il a fait abondamment couler le sang en Europe et rétabli l'esclavage dans certaines colonies françaises en 1802. Et Léopold II est à la fois un monarque constitutionnel, bâtisseur, visionnaire sur la défense nationale et un entrepreneur capitaliste en quête avant tout d'une rente coloniale profitable.

ENTRE MÉMOIRE ET HISTOIRE : PRISME DÉFORMANT ET REPRÉSENTATIONS MYTHIQUES

Après la mort de Léopold II, des études approfondies menées au gré de l'ouverture d'archives permettent d'affiner le portrait de ce roi, et en particulier son rôle dans la création et l'exploitation économique de l'EIC. Mais très tôt, il va échapper aux historiens et aux analystes politiques. Il se crée à son égard une mémoire contrastée et évolutive qui n'est pas sans verser dans des simplifications hâtives. L'histoire tente de rendre compte de la réalité du passé. La mémoire, c'est ce dont on se souvient du passé, à un moment donné. Or le souvenir peut être tronqué, partiel, influencé par la projection du présent sur le passé, anachronique. Le présent du passé en dit parfois plus long sur le présent que sur le passé, tant ce dernier est instrumentalisé en fonction des nécessités du présent. Il importe dès lors de bien mesurer, grâce à l'histoire et la géopolitique, ce que fut réellement Léopold II et de percevoir l'image du Roi telle qu'elle est véhiculée par d'autres vecteurs littéraires, artistiques, médiatiques ou militants, qui influencent aussi la mémoire.

De son vivant déjà, en 1905, Léopold II a été l'objet d'un pamphlet de Mark Twain. Le dramaturge américain, vieillissant et en proie à des

---

37. Paul Otlet, *L'Afrique aux noirs*, Bruxelles, Larcier, 1888.

difficultés financières, eut pour commanditaire la Congo Reform Association (CRA) qui militait contre les abus commis sur les indigènes dans l'EIC et désirait se faire connaître aux États-Unis. Il rédigea une satire grotesque intitulée *Le soliloque du roi Léopold* (*King Leopold's Soliloquy: A Defence of his Congo Rule*[38]). Il y invente un monologue du roi révélant la violence du système d'exploitation au Congo, porte-voix des protestations de la CRA. Il grossit tellement le trait qu'Edmund Morel, le célèbre journaliste britannique, grand pourfendeur du Congo léopoldien, avertit le lecteur dans la préface : « Les chiffres qu'il [Twain] donne de population et dépopulation du Congo ne doivent pas être pris trop littéralement[39] ». Mark Twain, par exemple, imagine un mausolée de onze millions de crânes pour perpétuer le nom du roi ; c'est évidemment de l'invention pure mais l'auteur veut frapper les imaginations. La fiction n'est pas l'histoire. Plus tard, certains écrivains ou journalistes prirent pourtant pour argent comptant les propos fantasmatiques et les chiffres fantaisistes de Mark Twain et alimentèrent ainsi la légende noire de Léopold II.

Mais en Belgique, c'est d'abord une légende dorée du roi-souverain qui émerge dans l'entre-deux-guerres. Le premier mérite venu orner son blason n'a rien à voir avec le Congo : il s'agit de la prescience en matière militaire du feu Roi qui avait vu venir l'ultimatum allemand de 1914. Si on l'avait écouté plus tôt, peut-être la défense nationale aurait-elle été plus dissuasive pour l'ennemi. Son deuxième mérite n'a qu'un rapport indirect avec l'Outre-mer : il concerne le roi urbaniste et bâtisseur et ses indéniables réalisations, de Spa à Ostende en passant par Bruxelles. Et bien sûr, grâce à la reprise du Congo par l'État, ce roi a fait de la Belgique une puissance coloniale. Tout ceci contribua à une forme d'héroïsation de Léopold II et à l'apparition d'une série de monuments et de livres consacrés à sa gloire. Ostende par exemple dédia au « génial protecteur » qui avait fait d'elle « la reine des plages » une magistrale œuvre d'art colonial surmontée d'une statue équestre du Roi conçue par les frères Courtens[40]. Dès lors, les raisons de la reprise du Congo par la Belgique sont progressivement oubliées et le « génial » fondateur du Congo est magnifié. Car, à l'évidence, sans lui, sans son action en Afrique, la Belgique ne se retrouverait pas dans une position si avantageuse tant sur le plan diplomatique qu'économique et commercial.

On en vint donc à édulcorer la part d'ombre qui planait sur l'administration de l'EIC par le roi-souverain. La mémoire se nourrit d'oubli et d'accentuation ; certaines réalités sont occultées, d'autres particulièrement mises en exergue. Avec Léopold II, dans un premier temps, on assiste à

---

38. Londres, Unwin, 1907. Cette version de 1907 a été consultée.
39. *Ibid.*, Préface, p. xvi.
40. La mention « génial protecteur » figure sur le monument inauguré en 1931. Depuis, la ville d'Ostende a apposé une plaque en néerlandais contextualisant le monument, indiquant à la fois les controverses sur la politique coloniale et la marque indéniable et durable imprimée par la monarchie sur la ville (Information glanée sur place le 21 février 2019).

une forme d'amnésie concernant les actes de violences commis au sein de l'EIC, et ce avec d'autant plus de force que la Belgique, en reprenant le Congo, avait la ferme volonté non seulement de mettre fin aux abus mais d'entreprendre une colonisation exemplaire, selon les critères de l'époque. La classe politique était, cette fois, résolue à exercer son autorité de manière juste pour faire oublier le péché originel de l'arbitraire de l'EIC. Il était donc plus opportun d'insister sur les mérites des pionniers léopoldiens qui, lors des campagnes arabes des années 1890, avaient combattu les esclavagistes arabo-swahilis [41]. « L'héroïsme militaire belge anéantit l'arabe esclavagiste » : l'inscription se devine encore aujourd'hui sur un monument allégorique passablement délabré du Parc du Cinquantenaire à Bruxelles, présentant métaphoriquement le fleuve et l'État du Congo, secourus par la Belgique et ses militaires. Cependant, cet aspect avéré de l'histoire, même s'il était aussi un élément pour justifier l'exploitation de l'EIC, est occulté aujourd'hui en raison de la présence de la grande mosquée de Bruxelles à quelques encablures du monument et des protestations des ambassades de pays arabes. La mémoire contemporaine ici ne supporte pas l'histoire.

La relative amnésie, l'absence sélective de souvenirs, peut aussi faire place à l'hypermnésie, l'excès sélectif de souvenirs. Et c'est ce qui va se passer avec Léopold II après une période de latence suivant la décolonisation. Les abus liés au travail forcé au sein de l'EIC, déjà mis en exergue par les commissions d'enquête du début du XXe siècle et certains historiens, furent davantage portés sur le devant de la scène par des diplomates, des anthropologues et des journalistes, jusqu'à ne plus constituer que le seul point de connaissance sur Léopold II. À l'histoire complexe d'un règne de quarante-quatre ans se substituent des clichés chargés d'émotion (« mains coupées », « caoutchouc rouge », « holocauste »), avec comme mot d'ordre « indignez-vous » à la place d'« informez-vous ». À la suite d'un livre à diffusion assez large paru en 1998, *King Leopold's Ghost: A Story of Greed, Terror and Heroism in Colonial Africa* d'Adam Hochschild, un journaliste américain qui puise ses sources dans des travaux bien connus en Belgique, Léopold II et l'EIC sont alors fréquemment analysés sous un prisme manichéen et moralisateur [42].

Cet ouvrage n'apporte rien de neuf, mais livre un récit bien écrit, une sorte d'histoire-réquisitoire diabolisante. Selon l'auteur, les conditions d'exploitation du Congo auraient entraîné une diminution de la moitié de la population. Comme les premières statistiques démographiques fiables du Congo datent des années 1920 et que celles-ci estiment

---

41. Sous l'impulsion d'une société anti-esclavagiste créée à Bruxelles en 1890, des expéditions luttèrent contre la traite des êtres humains pratiquée dans l'Est de l'EIC par des Bantous musulmans venus de Zanzibar, dits arabo-swahilis. Ces marchands d'esclaves, dont les plus connus sont les sultans Tippo Tip et Sefu, procédaient de longue date par raid dans la région orientale. Ils en furent expulsés que par des « campagnes arabes » menées par des officiers belges ou européens ainsi que la force publique congolaise entre 1892 et 1894.

42. Ce titre est publié à Boston, chez Houghton Mifflin, en 1998.

ses habitants à une petite dizaine de millions, certains en concluent que dix millions d'habitants ont donc été perdus ou n'ont pu naître dans l'aventure. Cette hypothèse est évidemment impossible à fonder scientifiquement et, partant, reste invérifiable. Surtout, l'auteur entretient une confusion entre la diminution extrapolée de la population sur quarante années et une extermination planifiée qui n'eut jamais lieu. D'où l'attrait exercé par ce sensationnalisme [43]. Mais comme le soulignait Jean Stengers qui a passé quarante années à étudier le règne de Léopold II, « s'il y a, aux mains de M. Hochschild, une victime, c'est Léopold II. Je crois pouvoir dire que M. Hochschild n'a pas compris grand-chose à la personnalité du roi, dont le portrait qu'il trace est une caricature » [44]. Cependant grâce à l'amplificateur d'idées simples, voire simplistes, qu'est Internet, le récit manichéen est relayé à l'envi au XXIe siècle, parfois même dans la presse réputée sérieuse [45]. À l'heure où les réseaux sociaux deviennent une source d'informations pour beaucoup, le phénomène va s'accentuant : le génie devient gênant, le géant devient génocidaire, le héros se transforme en spectre ; en un mot, un mythe en remplace un autre [46].

Deux exemples assez différents suffiront ici à l'illustrer ces extrapolations caricaturales parfois grandguignolesques. Philip Kerr était un auteur de romans policiers à succès qui mit en scène le commissaire Bernie Gunther dans l'Allemagne des années 1930 à 1950. Évoquant dans un roman paru en 2016 une villa de Léopold II dans le sud de la France, l'auteur britannique indique, hors de toute vraisemblance, que le roi-souverain aurait eu un Pygmée de compagnie, un zoo personnel et une collection macabre de mains humaines prélevées sur les indigènes [47]. Philip Kerr a sans doute lu quelques fables sur Internet à propos du personnage réel qu'à son habitude, il mêle à ses héros de fiction. Par ailleurs,

---

43. Dans le rapport d'experts « Passé colonial », *op. cit.*, M. Zana Etambala confirme que le livre en question exhale un « fort parfum de sensationnalisme » (p. 111). Cet historien néerlandophone d'origine congolaise ne peut guère être soupçonné de complaisance avec Léopold II dont il a minutieusement décrypté le *modus operandi* au Congo dans son ouvrage : *Congo 1876-1914 : veroverd, bezet, gekoloniseerd* [Congo 1876-1914 : conquis, occupé, colonisé], Gorrendijk, Sterck & De Vreese, 2019.

44. *Le Soir*, 13 octobre 1998. Le texte de Jean Stengers, repris dans *Congo. Mythes et réalités*, *op. cit.*, p. 306-307, pointe également plusieurs approximations ou erreurs de Hochschild. Sur la même question : Philippe Maréchal, « La controverse sur Léopold II et le Congo dans la littérature et les médias. Réflexions critiques », *in* Jean-Luc Vellut (dir.), *La Mémoire du Congo. Le temps colonial*, Gand, Musée royal de l'Afrique centrale – Snoeck, 2005, p. 43-49.

45. En février 2019, par exemple, un journaliste du quotidien *Le Monde* interpellait les concepteurs de la mutation du musée royal de l'Afrique centrale à Tervuren en AfricaMuseum. Selon lui, ils auraient dû s'appuyer sur un soi-disant consensus historique pour mentionner « le chiffre généralement admis de dix millions de morts » de la colonisation. Or précisément, les concepteurs du musée de Tervuren sont des historiens qui savent que ce chiffre est un fantasme. À Tervuren, le consensus historique sur la diminution de la population est rappelé en ces termes : « À défaut de données précises, il est très difficile de connaître le nombre de victimes faites par l'EIC ». (*Le Monde*, 17-18 février 2019).

46. Sur ce point : Michel Dumoulin, *Léopold II : un roi génocidaire ?*, Bruxelles, Académie royale de Belgique, 2005.

47. *The Other Side of Silence*, Putnam, 2016 ; traduction française : *Les pièges de l'exil*, Paris, Seuil, 2017, p. 49.

en 2018, un dessin animé humoristique centré autour de Léopold 1ᵉʳ, *Léopold, roi des Belges*, fut présenté au Festival international du film francophone de Namur. L'œuvre, produite par des dessinateurs-animateurs namurois et liégeois, mêle les époques et évoque incidemment le fils du souverain, le futur Léopold II, non sans lourds sous-entendus : enfant, ce dernier arrache les mains de son nounours et, jeune homme, il est représenté, boiteux, comme le fou d'un jeu d'échecs qui fait trembler les pions... noirs.

On est très loin ici de la performance dramaturgique de Hugo Claus, célèbre écrivain belge de langue néerlandaise, qui, intrigué par Léopold II, prétendit avoir lu une quarantaine de livres à son propos avant de rédiger en 1970 une pièce intitulée *Het leven en de werken van Leopold II* [La vie et les œuvres de Léopold II][48]. Il en ressort une connaissance détaillée de la réalité léopoldienne même si la tonalité générale est une critique en règle des institutions belges et de l'hypocrisie des puissances internationales à propos du Congo. Claus est féroce mais en même temps sidéré : comment la Belgique, qu'il perçoit comme un pays allergique à la fatuité, a-t-elle pu avoir à sa tête un roi nourrissant de telles prétentions outre-mer ? Mise en scène au théâtre flamand KVS de Bruxelles au début des années 2000, la pièce voyagea en Belgique et au Congo avec succès jusqu'à une tentative de reprise en 2018 pour les dix ans de la mort de Claus. Des voix s'élevèrent alors contre une pseudo-autocritique de la colonisation, une représentation caricaturale des populations congolaises et l'apparition d'un personnage grimé de noir ; la pièce fut retirée de l'affiche : même l'art qui, normalement, célèbre la liberté de création est ici censuré au nom d'une mémoire coloniale manichéenne. Que la culture de l'effacement ait pu atteindre l'irrévérencieux Claus tient d'un cocasse paradoxe[49]...

La fiction littéraire n'a pas pour fonction, à l'évidence, d'exposer la vérité historique même si elle s'inspire de faits réels. Mais le malaise s'installe quand des écrivains intitulent « récit » et non « roman » des œuvres d'inspiration historique mais au sein desquelles outrances, interprétations partielles ou approximations accompagnent un message allégorique ou moralisateur. Certains historiens s'insurgent alors. Ainsi la polémique ayant entouré le prix Goncourt 2017 remis à Éric Vuillard pour son ouvrage *L'Ordre du jour*, « récit » d'une collusion entre le pouvoir économique allemand et le nazisme que le spécialiste américain de la période, R. Paxton, considère comme médiocre et erroné[50]. Le même Vuillard a publié en 2012 un autre « récit », assez court, intitulé

---

48. Amsterdam, De bezige bij, 1970.
49. Par culture de l'effacement, on entend la *cancel culture* qui sévit depuis peu aux États-Unis : elle vise à supprimer, voire détruire, les œuvres, même de fiction, susceptibles d'offenser une quelconque minorité.
50. Éric Vuillard, *L'Ordre du jour*, Arles, Actes sud, 2017. Sur les débuts d'une polémique qui fit couler beaucoup d'encre : *Le Monde*, 27 mars 2019.

Congo, dans lequel il raconte notamment, sur un ton persifleur et moralisateur, la conférence africaine de Berlin de 1884-1885, en critique certains protagonistes et évoque bien entendu Stanley, Léopold II ainsi que des agents de l'EIC. Avec franchise, l'auteur indique à propos d'un point précis : « [...] je me trompe peut-être, et ça m'est égal », ce qui montre bien que le « récit » est celui des impressions de l'auteur et non celui d'une quête rigoureuse de la vérité[51]. Léopold II y est dépeint de manière contrastée. Le portrait du roi constitutionnel aux ambitions coloniales, assez juste au départ, verse quelque peu ensuite dans le mythe de l'homme seul, « Magicien d'Oz » du Congo qu'il dirige sans s'y rendre[52]. *In fine*, l'auteur, perturbé et indigné, s'interroge : Léopold était-il un « géant débonnaire » ou un « pharaon du caoutchouc » ?

Histoire romancée ou roman historique, le lecteur reste parfois confondu devant certaines œuvres assorties d'une bibliographie étendue mais non exhaustive sur le sujet traité. L'écrivain indique ainsi qu'il a puisé dans des sources une matière qu'il a ensuite pétrie avec la vision subjective qui est la sienne. Il en ressort alors un portrait littéraire de Léopold II ni tout à fait fantasmé parce que nourri de réalités historiques, ni véridique. Un seul exemple l'illustrera. Jennifer Richard, autrice franco-américaine, présente Léopold II comme l'une des figures de la colonisation européenne du XIXe siècle qu'elle entend dénoncer à travers son ouvrage *Il est à toi ce beau pays*[53]. Annoncé comme un roman, l'ouvrage n'en est pas vraiment un. Avec l'objectif de faire une critique en règle de la ségrégation aux États-Unis et de la colonisation européenne, l'autrice promène le lecteur entre les continents durant la dernière partie du XIXe siècle, mettant en scène des personnages réels, mais tenant des dialogues fictifs. Entre Stanley, Brazza et quelques présidents américains, Léopold II est dépeint comme un aventurier qui, à l'instar de la déesse Athéna, serait « sorti d'une mappemonde, déjà armé d'un livre de comptes et d'une lettre de change, déterminé à conquérir la terre comme on devient propriétaire d'une maison »[54]. Un portrait à charge se dégage, non sans humour parfois, des dialogues acerbes du Roi avec la reine Marie-Henriette ou d'échanges carrément vulgaires avec une femme de petite vertu[55].

Ce bref aperçu des représentations ne serait pas complet sans un détour par le Congo d'où émane un autre écho de Léopold II, celui du fondateur d'un État inexistant auparavant. Comme le rappelait en 2020 l'un des derniers pionniers de l'indépendance du Congo en 1960, Léon Engulu, ancien compagnon de Lumumba, « si nous sommes congolais

---

51. *Ibid.*, p. 22.
52. *Ibid.*, p. 39-41, et 42-47.
53. Jennifer Richards, *Il est à toi ce beau pays*, Paris, Albin Michel, 2018.
54. *Ibid.*, p. 110.
55. Notamment quand Jennifer Richard (*op. cit.*, p. 164) fait dire à Léopold II que la seule maladie dont on souffre en Belgique est la claustrophobie, allusion à ses incoercibles aspirations d'expansion Outre-mer.

aujourd'hui, c'est grâce à Léopold II. Un étranger qui est venu pour rassembler nos peuplades qui vivaient séparément. Grâce à la colonisation, on n'avait plus de guerres tribales, c'était fini. Grâce à la colonisation, on avait la paix. C'est Léopold II qui a créé le Congo. Bien sûr avec beaucoup de fautes [56] ». Cette image de fondateur, méritant pour ce qu'il a réalisé mais critiquable pour la manière dont il s'y est pris, revient dans des œuvres littéraires ou des essais d'auteurs issus de l'actuelle République démocratique du Congo. Avec des biais différents, trois ouvrages, allant dans ce sens peuvent être cités. Le *Conte du roi souverain Léopold II. Le géant qui hante notre Congo* est dû à la plume d'Aubert Kizito Ntite Mukendi, acteur politique du Congo indépendant dès 1960, opposant au régime de Mobutu et brièvement conseiller de Laurent-Désiré Kabila [57]. Sur le mode du conte, l'auteur entend donner de la vie à un récit qui s'appuie à la fois sur des travaux occidentaux savants et sur la tradition orale africaine. Pour sa part, Jean-Pierre Nzeza Kabu Zex-Kongo, docteur en géographie, a brièvement défrayé la chronique en publiant en 2018 un lyrique *Léopold II. Le plus grand chef d'État de l'histoire du Congo* [58]. Son objectif est à la fois de magnifier la vision géopolitique du fondateur de la RDC et de mettre en garde contre la balkanisation possible de l'État actuel, sans nier la violence qui a marqué l'EIC. Enfin, Marcel Yabili, juriste et auteur de Lubumbashi, a rédigé un ouvrage intitulé, *Le Roi génial et bâtisseur de Lumumba*, où il s'oppose à la vision post-coloniale négative de la colonisation [59]. Cette critique de la critique post-coloniale n'a pas manqué de susciter la polémique. M. Zana Etambala règle le sort de ces deux derniers ouvrages en indiquant qu'il « est surprenant de constater que certains Congolais espèrent secrètement se voir décerner l'Ordre de la Couronne, créé par Léopold II le 15 octobre 1897 pour récompenser des actes de civilisation de l'Afrique. Ces personnes se ridiculisent, dans leurs publications, en exprimant une vénération exagérée pour Léopold II » [60]. Ce règlement de compte entre (Belgo)-Congolais indique en tout cas, comme le mettait en exergue Aubert Kizito Ntite Mukendi, une « insidieuse présence dans notre présent » du « géant qui hante notre Congo » [61].

Face à ces oscillations de la mémoire à propos de Léopold II, il importe de remettre le curseur de la connaissance du personnage au centre, sans hagiographie ni diabolisation, et de rappeler avec Talleyrand que tout ce qui est excessif est insignifiant. Personne ne conteste que les

---

56. RTBF.be, 28 juin 2020.
57. Paris, Le Publieur, 2005. Pour un commentaire critique du contenu de cet ouvrage : notre étude sur « Léopold II et la représentation impériale dans la littérature », *op. cit.*, p. 320-326.
58. Paris, L'Harmattan, « Études africaines », Série Histoire, 2018.
59. Ouvrage sous-titré *Un exercice de critique historique sur la plus grande fake news*, Mediaspaul, 2020.
60. Rapport d'experts « Passé colonial », *op. cit.*, p. 112.
61. Aubert Kizito Ntite Mukendi, *Conte du roi souverain Léopold II, op. cit.*, p. 29.

liens existant entre la Belgique et le Congo n'auraient jamais existé si Léopold II était resté assis sur son trône sans avoir l'ambition d'une « plus grande Belgique ». Dans une relation nourrie par une histoire commune, la passion n'est jamais loin. Il y a des passions tristes, les passions dénonciatrices où l'on se perd en conjectures sur l'origine du différend et les raisons de sa persistance. Il y a des passions joyeuses, un brin irrationnelles, celles qui surmontent les divergences pour préférer se laisser bercer par ce que la relation produit comme félicité commune. Il y a de cela entre la Belgique et le Congo, une oscillation passionnée entre le lien et la distance, l'attrait et le rejet. Pour préserver le lien, on peut l'envisager comme un héritage commun dont on aurait sereinement dressé l'inventaire pour n'en faire fructifier que le meilleur, comme l'a fait le Chef de l'État belge le 30 juin 2020 en exprimant, lors du soixantième anniversaire de l'indépendance de la RDC, ses regrets pour les actes de violence et de cruauté commis au sein de l'EIC. Ceci pour, selon les termes enlevés du président congolais Tshisekedi dans une lettre adressée au roi Philippe le 21 juillet 2020, jour de la fête nationale en Belgique, « œuvrer à la consolidation des relations séculaires qui unissent, pour l'éternité, nos deux pays et nos deux peuples »[62]. Les deux lointains successeurs de Léopold II semblent s'accorder sur cette idée…

Tanguy DE WILDE D'ESTMAEL
UCLouvain et Collège d'Europe de Bruges

---

62. Agence Belga et *Le Soir*, 22 juillet 2020.

Le bureau d'aide militaire à l'armée togolaise. Genèse, composition, missions, scandales [*]

Dans les années 1960, il est devenu difficile pour la France de conserver une conception de sa puissance liée au contrôle politico-militaire de vastes espaces. Pourtant, même si l'indépendance marque « la fin de l'histoire militaire coloniale, [...] la dimension militaire de la relation franco-africaine ne prend pas fin pour autant, loin s'en faut »[1]. À travers la question de la défense, la puissance reste donc un impératif politique[2] : c'est ainsi que Paris continue de tenir son rang en Afrique, même s'il lui faut établir précautionneusement sa politique de coopération dans ces domaines sensibles[3]. La Coopération, avec une majuscule, instaurée dès les indépendances par Charles de Gaulle, forme « l'outil grâce auquel la France a pu transformer un espace de souveraineté en zone d'influence »[4]. Mise sur pied rapidement grâce à la conclusion d'accords bilatéraux (culture, enseignement, défense, monnaie, etc.), celle-ci répond à deux impératifs : grandeur nationale et aide au développement.

Dans l'optique de la Coopération militaire, il s'agit de « soutenir les nouveaux États indépendants dans le cadre de relations privilégiées héritées de la période coloniale et ce, sous la forme d'accords de défense et

---

[*] Version revue et augmentée d'une partie d'un travail de mémoire de master intitulé *Le rôle de la France dans la construction du pouvoir militaire togolais (1956-1967)*, sous la direction de Laurence Badel, Université Paris 1 Panthéon-Sorbonne, septembre 2019. L'auteur, actuellement doctorante contractuelle en Histoire, travaille sur un sujet intitulé *Legs et transferts diplomatico-militaires français. Regards croisés sur le Cameroun et le Togo (1945-1970s)*, sous la direction de Walter Bruyère-Ostells (MESOPOLHIS / Sciences Po Aix) et Laurence Badel (SIRICE / Université Paris 1 Panthéon-Sorbonne).

1. Frédéric Turpin, *De Gaulle, Pompidou et l'Afrique (1958-1974). Décoloniser et coopérer*, Paris, Les Indes savantes, 2010, p. 179.
2. *Ibid.*, p. 181.
3. Sur la notion de « rang », *ibid.*, p. 8 : « pour Charles de Gaulle, le "rang" de la France ne peut être que celui d'une grande puissance, c'est-à-dire, suivant la définition donnée par Raymond Aron : "celle qui avait des moyens et des responsabilités telles que toutes les questions importantes lui étaient soumises, au moins pour consultation. Ce n'est pas une question de domination, mais c'est une notion de possession d'une place telle que l'on soit toujours consulté quand sont prises les décisions qui engagent l'avenir de tous" ».
4. *Ibid.*, p. 12.

d'assistance technique militaire »[5]. Ainsi, l'assistance militaire technique (AMT) de la France aux États africains s'organise-t-elle progressivement. Pour la mettre en place, les accords prévoient la création de « bureaux d'aide militaire » (BAM). Étudier la transmission du pouvoir militaire implique de comprendre comment s'est opéré concrètement ce transfert. Or, les BAM constituent l'un des outils de ce transfert, au sens où la France met à la disposition des nouveaux États un personnel militaire français chargé de les aider à constituer leurs forces armées (armées de terre et de l'air, marine et gendarmerie).

Le cas du Togo est particulièrement intéressant car il s'agissait, à l'époque coloniale, d'un territoire sous tutelle de l'ONU et administré par la France. Quelques avancées en termes d'autonomie avaient été faites dans les dernières années de tutelle, lui laissant la possibilité de gérer ses affaires internes, alors que la politique extérieure et les questions de défense restaient des prérogatives françaises. En accédant à l'indépendance le 27 avril 1960, le Togo est reconnu comme acteur à part entière des relations internationales : désormais souverain, il peut décider lui-même de sa politique intérieure et extérieure. Dès lors, les relations militaires entre la France et le Togo furent réglées par des accords de coopération. Créé en 1961, le BAM comprend au Togo deux sections : armée de terre et gendarmerie [6]. Seule la section « Armée de terre » sera étudiée ici.

Pour reconstituer l'émergence, la composition et le fonctionnement des BAM, l'historiographie n'est pas d'un grand secours. Quelques auteurs évoquent leur existence sans toutefois analyser leurs fonctionnements propres. Pourtant, leur étude permet de comprendre les spécificités de la création de ces armées, issues pour la plupart des armées coloniales [7]. Dans quelle mesure le bureau d'aide militaire à l'armée togolaise s'insère-t-il dans l'organisation plus vaste de l'AMT française et de la Coopération militaire ? En partant de la genèse des BAM en Afrique dans le cadre de l'AMT, cet article retrace la formation de l'armée togolaise à travers sa composition, ses missions mais également les scandales qui secouèrent son activité.

---

5. *Ibid.*, p. 180.
6. En 1961, le Togo ne possède ni armée de l'air ni marine, et le budget togolais ne permet pas leur création dans l'immédiat ; Service historique de la Défense, Vincennes (ci-après : SHD), 5H31, Rapport de fin de commandement du général de brigade Le Porz, délégué pour la défense de la ZOM 4, du 1er avril 1962 au 30 juin 1963.
7. Camille Evrard, *La Transmission du pouvoir militaire mauritanien, 1956-1966*, mémoire de master 2 de l'Université Paris 1 Panthéon-Sorbonne, p. 147 : « on ne saurait se contenter de dire que les armées nationales ont été créées sur le modèle français sans autre forme d'analyse. La décolonisation n'a pas été une simple passation de service ».

« LA MENACE ENGENDRE LES ARMÉES [8] »

La création de l'Afrique occidentale française (AOF), le 16 juin 1895, ne procède pas d'« un mouvement d'intégration réel, mais d'une volonté de la puissance coloniale de faciliter la gestion de la région par une unité administrative »[9]. Ce regroupement de territoires facilitait la gestion d'une zone importante [10]. Inscrite dans « une conception classique de la puissance française héritée du XIXe siècle, la défense de la métropole fait longtemps appel à l'empire », une conception qui a perduré au temps de la Communauté [11]. Certes, le Togo ne fut inclus dans l'AOF qu'entre 1917 et 1921 [12], et il ne l'a pas été dans la Communauté. Cependant, par le décret du 31 décembre 1948, la France confiait la défense du territoire au haut-commissaire de la République en AOF [13].

Pour la France, les principales menaces qui pesaient sur l'AOF-Togo provenaient des « entreprises du communisme mondial »[14]. Pour le Togo, il est clair dès 1957 qu'elles venaient du voisin ghanéen dont le président, le docteur Kwame N'Krumah, manifesta rapidement sa volonté d'annexer le Togo francophone dans un vaste ensemble réunissant le peuple éwé, séparé lors de la délimitation de la frontière franco-britannique de 1919 qui divisait l'ancien protectorat du Togoland allemand. Les velléités annexionnistes de N'Krumah sur le Togo francophone, puis sur la République du Togo firent craindre à la France de perdre une partie de son contrôle sur son « pré carré » africain [15]. Dès 1958, Georges Spénale, le haut-commissaire de France au Togo (1957-1960), estimait qu'au cas où le Togo serait absorbé par le Ghana, « toute la façade orientale de l'AOF

---

8. Marc Fontrier, « Des armées africaines : comment et pour quoi faire ? », *Outre-Terre*, n° 11, 2005, p. 348.
9. Mathieu Le Hunsec, « De l'AOF à la CEDEAO : la France et la sécurité du golfe de Guinée, un essai d'approche globale », *Bulletin de l'Institut Pierre Renouvin*, n° 30, 2009.
10. Jean-Louis Boutillier, « Une société aofienne ? » *in* Charles Becker, Saliou Mbaye, Ibrahima Thioub (dir.), *AOF : réalités et héritages. Sociétés ouest-africaines et ordre colonial, 1895-1960*, Dakar, Direction des Archives du Sénégal, 1997, p. 698.
11. Frédéric Turpin, *op. cit.*, p. 180 ; Pierre Dabezies, « La politique militaire de la France en Afrique noire sous le Général de Gaulle », *in* Dimitri Georges Lavroff (dir.), *La Politique africaine du général de Gaulle, 1958-1969*, Paris, Pedone, 1980, p. 284.
12. Jacques Charpy, « Les archivistes de l'AOF face à leur temps », *Outre-Mers*, n° 368-369, 2010, p. 293-294.
13. *Journal officiel de la République française* (ci-après : *JORF*), Décret n° 48-2039 du 31 décembre 1948 relatif à la défense de l'Afrique centrale, 5 janvier 1949, Art. 1, p. 256.
14. SHD, 14H218, Minarm, Corps du contrôle de l'administration de l'armée, 776/AA/64, Rapport relatif à l'assistance technique militaire française aux États Africains des Zones d'Outre-Mer, 1er et 4, 5 février 1964.
15. Le pré carré est une métaphore désignant le domaine réservé de la France en Afrique ; elle est une zone à défendre et à protéger face aux incursions étrangères. Quant au principe de l'intangibilité des frontières, il n'est formellement édicté par l'Organisation de l'unité africaine qu'en juillet 1964, dans une résolution signée au Caire. Celle-ci oblige à « respecter les frontières existant au moment où les États ont accédé à l'indépendance nationale » : Christian Bouquet, « L'artificialité des frontières en Afrique subsaharienne », *Les Cahiers d'Outre-Mer*, n° 222, 2003, p. 181-198.

serait compromise et, à l'échelle stratégique, l'unité de l'Afrique de culture française, de Brazzaville à Dakar, menacée en son centre [16]... ».

Dès la fin d'octobre 1959, N'Krumah lançait une « offensive diplomatique » présentant « comme une évidence historique l'intégration de la République du Togo, sous la forme d'une septième région du Ghana ». Mais il ne se contenta pas de simples « attaques verbales » [17]. Selon les renseignements français, il opérait dès la moitié de l'année 1959 « un renforcement de la surveillance aux frontières » et commettait « des actes d'intimidation ». N'Krumah ne cachait pas ses sympathies communistes [18]. Aussi, lors d'un voyage aux États-Unis en mars 1962, le président togolais, Sylvanus Olympio, entretint-il John Kennedy de la menace soviétique [19]. Il cherchait à obtenir de l'aide pour constituer une 2e compagnie d'infanterie en raison du risque d'une incursion soviétique [20]. Il souligna expressément les visées annexionnistes de N'Krumah, évoqua ses « préoccupations des influences communistes » et dénonça « le travail de subversion que tenterait en sous-main l'Ambassade soviétique » [21].

Les menaces extérieures que représentaient le Ghana et, par extension, l'URSS évoluent en tentatives de subversion, et donc en menaces intérieures. En effet, un rapport sur l'AMT française dans la Zone d'Outre-mer n° 4 (voir *infra*) souligne que les menaces prennent, à cette époque, des formes nouvelles :

> Les menaces extérieures [...] ne peuvent aujourd'hui, pour se réaliser, recourir aux formes classiques d'une agression militaire ; [...] elles rejoignent par les moyens de la propagande et de l'action secrète, le domaine de la subversion interne [22].

« En Afrique, [...] différents types de menaces existent et portent préjudice aux jeunes États, souligne Dominique Bangoura. Elles sont internes, externes et concernent tous les aspects de la vie nationale et internationale » [23]. Les États africains ont « rapidement compris que les menaces les plus pressantes venaient de l'intérieur de leurs frontières » [24].

---

16. Archives nationales de France, Pierrefitte-sur-Seine (ci-après : AN), AN, AG5(F)615, Notes sur le Togo.
17. SHD, 1R207, Étude sur les possibilités d'intervention du Ghana au Togo, 28 mars 1960.
18. Alessandro Iandolo, « The rise and fall of the "Soviet Model of Development" in West Africa, 1957-64 », *Cold War History*, 2012, p. 683-704.
19. AN, AG5(F)1619, Henri-Francis Mazoyer, Situation politique du 1er au 15 février 1962, Lomé, 16 février 1962. Les discussions devaient porter, lors de ce voyage, sur des questions économiques, financières et monétaires. Premier ministre de 1958 à 1961, Sylvanus Olympio est alors le premier président de la République togolaise (1961-1963).
20. SHD, 12S661, Bulletin de renseignements, Délégation pour la défense de la ZOM 4, EM, 2e Bureau, 25.162/2/5, Objet : ingérences militaires au Togo, Abidjan, 15 mai 1962.
21. Première citation : AN, AG5(F)1209, Situation politique au Togo du 1er au 15 décembre 1960, 19 décembre 1960 ; seconde citation : AN, AG5(F)1619, Henri-Francis Mazoyer, Situation politique du 1er au 15 mars 1962, Lomé, 16 mars 1962.
22. SHD, 14H218, Rapport relatif à l'AMT française aux États Africains des ZOM 1 et 4, *op. cit.*
23. Dominique Bangoura, *Les Armées africaines (1960-1990)*, Paris, CHEAM, 1992, p. 53.
24. Jason Warner, Kai Thaler, « Dynamique et diversité des armées africaines, État des connaissances », *Afrique contemporaine*, n° 260, 2016, p. 29-30.

Mohammed Ayoob parle d'un « problème de sécurité du tiers-monde », principe selon lequel « les États nés de la décolonisation voient la majorité de leurs menaces émaner de l'intérieur de l'État »[25]. Celles-ci impliquent de repenser la défense.

En effet, le concept de « défense en surface » développé par Paul Coste-Floret, ministre de la Guerre, repose sur l'« idée que l'ennemi est autant intérieur qu'extérieur, c'est-à-dire qu'il faut aussi bien se préparer à combattre une éventuelle "cinquième colonne" qu'un envahisseur »[26]. En métropole, sont créées en septembre 1950 des zones de défense, c'est-à-dire des regroupements de « plusieurs régions militaires, centrées sur les points vitaux du pays, s'appuyant sur des éléments civilo-militaires et dotées d'une certaine autonomie économique »[27]. Les zones de défense créées sur les territoires coloniaux répondent au même principe et sont considérées comme le « décalque des appellations des zones de défense de la métropole »[28]. C'est ainsi que naît la zone de défense AOF-Togo[29]. À ce titre, la défense du Togo est totalement prise en charge par la zone de défense AOF-Togo, qui devient la Zone d'Outre-mer n° 1 (ZOM 1) au 1er juin 1959[30], avant la création au 1er avril 1962, à partir des 2e et 4e brigades de la ZOM 1, de la Zone d'Outre-Mer n° 4 (ZOM 4)[31].

La réorganisation de la défense Outre-mer et la création des armées en Afrique sont « inséparables »[32]. En effet, la notion de « défense commune » perd tout sens face à la volonté française de favoriser des échanges bilatéraux. Désormais, la France considère que « les missions respectives des armées nationales et des forces françaises d'intervention stationnées Outre-mer sont complémentaires les unes des autres ». Tandis que les forces françaises avaient pour mission principale la défense commune, elles sont peu à peu amenées, « le cas échéant et à la demande des États, à leur apporter leur soutien dans des opérations de maintien de

---

25. Mohammed Ayoob, *The Third world security predicament: state making, regional conflict, and the international system emerging global issues*, Lynne Rienner Publishers, 1995 ; Jason Warner, Kai Thaler, *op. cit.*, p. 32.

26. Paul Villatoux, Marie-Catherine Villatoux, *La République et son armée face au « péril subversif ». Guerre et action psychologiques, 1945-1960*, Paris, Les Indes savantes, 2005, p. 156, pour la première citation, et Thomas Deltombe, Manuel Domergue, Jacob Tatsitsa, *Kamerun ! Une guerre cachée aux origines de la Françafrique, 1948-1971*, Paris, La Découverte, 2011, p. 101, pour la seconde.

27. *JORF*, Décret n° 50-1189 du 29 septembre 1950 relatif à l'organisation de la défense en surface du territoire métropolitain, p. 10162-10163 ; Thomas Deltombe, Manuel Domergue, Jacob Tatsitsa, *op. cit.*

28. Thierry Sarmant, Bruno Legendre, Anthony Rigault, « Introduction. Histoire des institutions militaires françaises de l'Afrique noire, 1900-1975, Afrique occidentale française, Afrique équatoriale française et Côte française des Somalis », in *Inventaire de la série H, Sous séries 5H à 7H*, SHD, p. 21, s.d.

29. *JORF*, Décret n° 51-843 du 5 juillet 1951 relatif à la défense de l'Afrique centrale, 6 juillet 1951, p. 7152.

30. SHD, 14H112, Minarm, Décision, Paris, 20 mai 1959.

31. SHD, 5H31, Rapport de fin de commandement du général de brigade Le Porz, *op. cit.*

32. SHD, 14H205, Principes généraux d'organisation de l'aide militaire aux États de la Communauté, p.j. au courrier 1567EMGA/EG.2, 27 octobre 1960.

l'ordre. » Celui-ci, en effet, est désormais l'une des missions principales assignées aux armées africaines, avec « la lutte contre la subversion et la surveillance des frontières terrestres et maritimes ». Dès 1958, la France prévoyait que le Togo puisse obtenir l'assistance de la gendarmerie ou des forces françaises pour le maintien de l'ordre public [33]. Cependant, le Togo indépendant ne signe aucun accord avec la France sur cette question [34].

À partir de 1960, la coopération militaire se fait donc « fondamentalement sur un mode bilatéral [...]. La France se refuse ainsi à tout système multilatéral pouvant restreindre sa liberté de manœuvre » [35]. Elle pousse cependant au regroupement, et l'on constate que « toute forme d'organisation multilatérale de défense franco-africaine ne disparaît pas totalement » [36]. La France considère d'ailleurs que les États de l'ancienne AOF-Togo ayant peu ou pas de contact avec l'Afrique du Nord ou l'Afrique orientale, « il en résulte entre eux une communauté d'intérêts définis aussi bien par la géographie que par l'histoire » [37]. Il n'est donc pas possible de dissocier l'analyse du BAM et de la politique d'aide militaire à l'armée togolaise d'une compréhension générale du lien entre le Togo et l'AOF en matière de défense, car « la politique d'aide militaire ne peut être considérée seulement en elle-même mais doit être remplacée dans le cadre général de la politique de défense » [38]. La création, le 1er juin 1965, de la Mission militaire de Coopération, rattachée au ministère de la Coopération « consacre, selon Frédéric Turpin, le passage de la "défense" à la "Coopération" et la fin définitive du concept de "défense globale" » [39].

NAISSANCE, FONCTIONNEMENT ET MISSIONS DU BAM

Quelques jours après l'indépendance togolaise, un échange de lettres entre Michel Debré et Sylvanus Olympio permet l'adoption de dispositions transitoires en matière de politique étrangère et de défense « en attendant la conclusion [...] d'accords de coopération » [40]. À l'initiative du président togolais, cet échange prévoyait la mise sur pied de l'armée, mais c'est seulement à partir d'août 1961 qu'Henri-Francis Mazoyer, ambassadeur de France à Lomé, soumet à la République du Togo un

---

33. Archives du ministère français des Affaires étrangères, La Courneuve (ci-après : AMAE-La Courneuve), Traités et accords de la France, Convention relative à la participation des forces armées de la République française au maintien de l'ordre public, Lomé, signé le 25 février 1958, en vigueur le 5 mars 1958.
34. SHD, 14H218, Minarm, Corps du contrôle de l'administration de l'armée, 776/AA/64, Rapport de détail relatif à l'assistance technique militaire française au Togo, Paris, 5 février 1964.
35. Frédéric Turpin, *op. cit.*, p. 182.
36. *Ibid.*, p. 183.
37. SHD, 14H218, Rapport relatif à l'AMT française aux États Africains des ZOM 1 et 4, *op. cit.*
38. SHD, 14H205, Principes généraux d'organisation de l'aide militaire..., *op. cit.*
39. Frédéric Turpin, *op. cit.*, p. 184.
40. AN, AG5(F)1888, Sylvanus Olympio à Michel Debré, 3 mai 1960.

projet d'accord sur la question[41]. L'accord est finalement signé le 26 octobre 1961 à Lomé[42]. Parmi les États d'Afrique subsaharienne ayant obtenu leur indépendance de la France, le Togo est le dernier à signer un accord d'AMT ; la plupart l'ont fait dès 1960, ou au début de 1961 pour les pays de l'Entente. Il convient de ne pas confondre accords de défense et accords d'AMT. Leurs applications sont différentes : les premiers « établissaient les conditions d'intervention des forces françaises sur le sol des États signataires », tandis que les seconds « prévoyaient l'aide nécessaire à la mise sur pied de leurs armées »[43].

Pour mettre en place l'AMT, les accords prévoient d'ouvrir des « bureaux d'aide militaire ». Mais chacun des accords de ce type signés par la France avec les États africains contenait à cet égard des dispositions différentes, qui parfois même se contredisaient. Pour lever les éventuelles « ambiguïtés » de leur rédaction et permettre une harmonisation, une instruction interministérielle clarifie l'organisation et le fonctionnement des BAM, avant qu'une seconde instruction, « d'autant plus souple que parfois imprécise et, en définitive, convenable », ne vienne, le 4 juillet 1962, corriger les « imperfections » de la première[44]. Mais, ces instructions définissent, précisaient-elles, « l'organisation et les modalités de fonctionnement des bureaux d'aide militaire dans les États africains (à l'exception du Cameroun et du Togo) et malgache qui ont conclu avec la France des accords de coopération militaire »[45]. Pourtant, pendant les négociations en vue de la signature de l'accord de coopération pour la constitution de l'armée togolaise, il est décidé d'appliquer cette instruction au Togo, les autorités togolaises entérinant la décision française a posteriori[46]. Le BAM peut être défini comme l'« ensemble des personnels militaires français mis à la disposition d'un État au titre de l'Assistance technique militaire, [et] ne peut en aucun cas être considéré comme un organisme qui, intervenant en tant que tel dans le mécanisme de cette assistance, s'interposerait entre l'État et les autorités françaises »[47]. Cette définition est volontairement large en raison des divergences entre les rédactions des différents accords.

---

41. « La République togolaise a la responsabilité de sa défense intérieure et à cet effet, la République togolaise constituera dans les meilleurs délais des Forces Armées Nationales », *ibid.* ; SHD, 6T856, Le général de corps d'armée de Brebisson, Commandant supérieur de la ZOM 1, au général d'armée, Chef d'État-major général de la défense nationale, 318/SPD/S, Dakar, 31 août 1961.
42. *Ibid.*, Accord de coopération concernant la mise sur pied de l'armée nationale togolaise.
43. Camille Evrard, « La transmission… », *op. cit.*, p. 63.
44. SHD, 14H214, Note, Le général de corps d'armées Dio, Chef d'EMFTOM, Objet : organisation et fonctionnement des Bureaux (ou Missions) d'Aide Militaire, 1975/EMFTOM/EG, 27 mai 1961 ; AMAE-La Courneuve, 1089INVA17, Instruction interministérielle relative à l'organisation et au fonctionnement des bureaux (ou missions) d'aide militaire, 119/EMIA/ORG/1, 19 mai 1961 ; SHD, 14H214, Note, a/s Bureaux d'Aide Militaire, Paris, 15 juillet 1963.
45. AMAE-La Courneuve, 1089INVA17, Instruction interministérielle…, *op. cit.*
46. SHD, 6T856, Le général de corps d'armée de Brebisson, Commandant supérieur de la ZOM 1, au général d'armée, Chef d'EMGDN, 318/SPD/S, Dakar, 31 août 1961 ; SHD, 14H218, Rapport de détail relatif à l'AMT française au Togo, *op. cit.*
47. SHD, 14H214, Note, Le général de corps d'armées Dio…, *op. cit.*

En effet,

il n'apparaît pas possible de préciser la nature et l'organisation des Bureaux ou Missions d'aide militaire sans contredire l'un ou l'autre des accords signés par le Gouvernement français [...] sans risquer de ce fait d'éveiller la susceptibilité de nos partenaires. C'est pourquoi il est préférable de donner au terme Bureau (ou Mission) d'aide militaire une définition très large et de ne désigner sous ce vocable aucun organisme précis [48].

Une fois l'accord signé, la France opère le transfert de la 1e compagnie du 8e Bataillon d'infanterie de marine (BIMA) à la République togolaise. Ce transfert est acté le 1er décembre 1961, et le jour même s'ouvre la section armée de Terre du BAM au Togo [49]. Alors que, dans chacun des États avec lesquels la France signe un accord d'AMT, sont créées des missions militaires françaises (ci-après MMF) de coopération, assistées d'un BAM [50], il n'en va pas de même au Togo : « on ne trouve pas à Lomé de mission militaire française proprement dite, mais il y existe un Bureau d'aide militaire » [51]. Cependant, le chef du BAM « ne peut correspondre avec une autorité française que par le canal de l'officier général ou supérieur mis en place dans chaque État » [52], c'est-à-dire le chef de la MMF. En l'absence de MMF propre au Togo, les personnels militaires en poste à Lomé sont fréquemment en contact avec la MMF au Dahomey, située à Cotonou [53]. Ce fonctionnement est possible car le BAM au Togo et la MMF au Dahomey sont sous le commandement de la ZOM 1, puis de la ZOM 4. Cette situation administrative paraît cependant « illogique et peu efficace » au général de brigade Revol, délégué pour la défense de la ZOM 4. Selon son souhait, il y aurait lieu « d'envisager l'individualisation du BAM au Togo [...], le Chef du BAM pouvant alors être rattaché, directement à l'autorité du Général Délégué pour la Défense » [54]. Le Chef du BAM était en effet censé être soumis à l'autorité du conseiller militaire auprès de l'ambassadeur de France dans le pays, mais il n'y en avait toujours pas au Togo à la fin de décembre 1963.

Lors de l'indépendance de ses anciennes possessions africaines, la France doit se rendre à l'évidence : sa politique « d'africanisation des cadres » entamée depuis plusieurs années, n'est pas un véritable succès, notamment dans le domaine militaire. Le Togo ne dispose pas en effet

---

48. *Ibid.*, Note, Objet : Administration des personnels militaires français mis à la disposition des Armées et Gendarmeries Nationales, 620 P.ORG/3B/A/985, 23 février 1961.

49. SHD, 5H262, Journal des Marches, pour la période du 1er au 15 décembre 1961, par Louis Jego.

50. Pierre Dabezies, *op. cit.*, p. 256 : schéma « Organisation d'une mission d'assistance militaire technique ».

51. SHD, 5H31, Délégation pour la défense de la Zone d'Outre-mer n° 4, Rapport annuel, 1962.

52. SHD, 14H214, Note, Le général de corps d'armées Dio..., *op. cit.*

53. *Idem.*

54. *Ibid.*, Le général de brigade Revol, délégué pour la défense de la ZOM 4 au Minarm, 4/6067, Objet : noyau administratif du BAM au Togo, 31 décembre 1963.

d'un nombre suffisant d'officiers pour assurer l'encadrement de sa nouvelle armée. La France voit donc l'AMT comme un moyen de répondre à la nécessité de former des cadres pour l'armée comme pour l'administration. La première mission assignée au BAM consistait donc à assurer « l'organisation, l'encadrement et l'instruction des forces »[55]. Le capitaine Louis de Joussineau, qui participa à la mise sur pied du premier BAM au Togo et en assura la direction, était le commandant de la 1er Compagnie (transférée le 1er décembre 1961), la seule de la toute nouvelle armée togolaise en 1961. C'est dire l'importance du poste qui lui était confié.

Le premier BAM section armée de terre est constitué de trois officiers français (Louis de Joussineau, Louis Jego, Jean Purson) et 6 sous-officiers (Michel Rouvier, Marcel Ehrhardt, René Veler, Octave Contrôle Gentil, Pierre Blanc, René Bigeard)[56]. Conformément à l'accord de coopération, les militaires ont été désignés par le gouvernement français après accord du gouvernement togolais[57]. Dans les faits, l'ambassadeur Mazoyer a transmis la liste établie par le capitaine de Joussineau au ministère de la Coopération pour accord[58]. Le BAM est « placé sous l'autorité de l'Officier français le plus ancien dans le grade le plus élevé à la disposition de la République togolaise[59] ».

Selon l'instruction interministérielle relative à l'organisation et au fonctionnement des BAM, les personnels mis « à la disposition d'un État [...] demeurent sous juridiction française mais sont soumis aux règles de la discipline générale en vigueur dans les Forces Armées nationales au profit desquelles ils remplissent leur mission »[60]. Aussi certains s'interrogent-ils : « un militaire français peut-il, légalement, être mis d'office à la disposition d'un État de la Communauté ou d'un État étranger[61] ? ». L'obligation pour un militaire de servir sous une autorité étrangère ne semble pas être nouvelle et avait été rendue juridiquement possible par une ordonnance de décembre 1958[62]. La conséquence, cependant, est de soumettre ces militaires « à la discipline d'une armée étrangère »[63] ; elle pose aussi la question d'une possible « atteinte aux garanties fondamentales » du militaire français. Au moment où cette ordonnance avait été émise, dans le cadre de l'AMT au Maroc,

55. Camille Evrard, « La transmission... », *op. cit.*, p. 66.
56. SHD, 5H262, Ordre de bataille au 1er décembre 1961.
57. SHD, 6T856, Accord de coopération concernant la mise sur pied de l'armée nationale togolaise, Art. 7.
58. *Ibid.*, Henri-Francis Mazoyer au ministre de la Coopération, Lomé, 17 novembre 1961.
59. *Ibid.*, Accord de coopération, Art. 7, *op. cit.*
60. AMAE-La Courneuve, 1089INVA17, Instruction interministérielle..., *op. cit.*
61. SHD, 14H214, Minarm, direction des services législatifs et administratifs, service législatif et parlementaire, Note pour le cabinet militaire (à l'attention du Colonel Lamberton), Objet : Clauses des accords conclus avec certains États africains d'expression française soumettant les personnels militaires français mis à la disposition de ces États aux règles de la discipline militaire locale, 13MA/SLP.175.DIV, 17 mars 1961.
62. *JORF*, Ordonnance n° 58-1329 du 23 décembre 1958 relative à la situation « hors cadre » et à la position « spéciale hors cadre » des personnels militaires, 26 décembre 1958, p. 11841.
63. SHD, 14H214, Minarm, 13MA/SLP.175.DIV, *op. cit.*

aucune sanction disciplinaire directe de la part de l'autorité militaire marocaine n'était permise. Celle-ci devait s'adresser à un organisme français, le Bureau d'aide militaire (BAMAT), seul habilité à infliger des sanctions.

Dans le cas des États subsahariens, les accords de coopération autorisent ces États à infliger une sanction directe, et ensuite seulement « d'en aviser le commandant du BAM ». Il paraît ainsi plus souhaitable pour la France de faire appel à des volontaires en raison de la « substitution aux règles françaises des règles de la discipline locale ». De plus, les militaires français « sont tenus de revêtir l'uniforme de l'Armée nationale à la disposition de laquelle ils se trouvent »[64]. Depuis juin-juillet 1960, seuls les cadres français ayant « des responsabilités de commandement dans les unités des Armées nationales [devaient] obligatoirement revêtir la tenue réglementaire dans ces armées »[65]. À partir de mars 1961, étant donné la « nécessité pour les cadres français d'être bien pénétrés de l'importance de leur tâche à laquelle ils doivent apporter toute la compréhension et tout le dévouement souhaitable », le ministère français des Armées décide que « le port de l'uniforme national [...] serait étendu à l'ensemble des personnels appartenant aux Bureaux ou Missions d'Aide Militaire mis à la disposition des États ». Cela doit être considéré par eux « comme le signe extérieur d'une adhésion totale à une politique de coopération militaire qui doit réussir »[66].

Cette politique « doit réussir » en effet, car il s'agit pour la France de poursuivre son « œuvre » d'africanisation des cadres afin de pouvoir, à terme, retirer totalement son dispositif d'AMT, conformément au *Plan Raisonnable*, le plan de mise sur pied des armées africaines[67]. Les BAM ont donc également pour but de participer à la « formation des cadres nationaux dans les écoles françaises »[68]. Pour ce faire, le BAM appuyait l'envoi de stagiaires dans les écoles militaires françaises et gérait les questions logistiques (transports, etc.). C'était la mission la plus onéreuse du BAM : selon Pierre Dabezies, les BAM « représente[nt] de beaucoup le poste budgétaire le plus important de la Coopération (plus de 70 % pour l'instruction, le transport des stagiaires s'élevant à quelque 10 % et l'aide matérielle couvrant le reste) »[69]. Le BAM assurait également des missions liées davantage à la logistique. Outre l'apport en personnel, la France « fournissait le matériel, l'équipement et l'armement nécessaire »[70]. Ainsi les dons de matériels de la France aux nouvelles armées passaient-ils par

---

64. AMAE-La Courneuve, 1089INVA17, Instruction interministérielle..., *op. cit.*
65. SHD, 14H214, Pierre Messmer, Objet : tenue des militaires mis à la disposition des Armées des États de la Communauté, s.d.
66. *Ibid.*, Note n° 806/BOM/1/S, Objet : Uniforme des personnels de l'Assistance militaire, Paris, 7 mars 1961.
67. Sur le sujet : Moshé Ammi-Oz, « La formation des cadres militaires africains lors de la mise sur pied des armées nationales », *Revue française d'études politiques africaines*, n° 138, 1977, p. 84-99.
68. Camille Evrard, « La transmission... », *op. cit.*
69. Pierre Dabezies, *op. cit.*, p. 244.
70. Camille Evrard, « La transmission... », *op. cit.*

Le bureau d'aide militaire à l'armée togolaise 75

le BAM, les demandes d'armement des autorités togolaises étant dans bien des cas transmises via l'ambassadeur de France.

Ainsi les militaires français des BAM ont-ils pour mission d'assurer l'aide technique et sont-ils un relais sur lequel peut s'appuyer le pouvoir politique togolais. Mais, ils ne peuvent intervenir dans les affaires internes du pays, sous peine de compromettre leur mission. Toute immixtion de ces militaires français dans des affaires internes risquait de causer du tort à la France en faisant peser sur elle des soupçons d'ingérence dans les affaires d'États désormais indépendants.

SOUPÇONS D'INGÉRENCE FRANCAISE À TRAVERS LE BAM :
« UN RÔLE PLUS POLITIQUE QUE MILITAIRE [71] » ?

Étant donné qu'il n'existe pas de forces françaises stationnées au Togo, les officiers français envoyés dans cet État ne peuvent agir que dans le cadre de l'assistance technique, soit dans l'armée togolaise, soit dans la gendarmerie [72]. Conscients des possibles fautes que peuvent commettre des militaires en territoire étranger, Sylvanus Olympio et le ministre de la Coopération procèdent à un échange de lettres concernant la responsabilité civile des militaires de l'un des deux pays servant dans l'autre [73]. Le 13 avril 1962, Jean Foyer propose différentes dispositions, dont la suivante à laquelle S. Olympio donne son agrément : « la République française est civilement responsable des fautes commises par les militaires français dans le service [74] ».

Or, dans la nuit du 12 au 13 janvier, le gouvernement togolais est renversé, le président de la République, Sylvanus Olympio, est assassiné et des membres du gouvernement sont arrêtés. La culpabilité des militaires togolais licenciés de l'armée française et placés sous les ordres de l'adjudant-chef Bodjollé, insatisfaits de la politique du Président, ne fait aucun doute. Progressivement, l'implication du lieutenant-colonel Étienne Eyadema Gnassingbé est également avérée. Le Comité insurrectionnel choisit Nicolas Grunitzky, ancien Premier ministre togolais (1956-1958), pour former un gouvernement provisoire. Rapidement, des rumeurs circulent à Lomé sur les possibles implications du personnel du BAM dans le coup d'État.

---

71. SHD, 1R223, Le colonel Pinhede, chef de la mission militaire au Tchad au délégué pour la défense de la ZOM 2, Objet : Entretien du 14 mars 1964 avec le ministre de la Coopération, 17/TS, Fort Lamy, 3 avril 1964.
72. AN, AG5(F)2644, Notice à l'usage des officiers appelés à servir au Togo, Centre militaire d'information et de spécialisation pour l'Outre-mer.
73. AN, AG5(F)2649, Henri-Francis Mazoyer au ministre de la Coopération, Échange de lettres entre le Gouvernement français et le Gouvernement togolais, 8 mai 1962.
74. *Ibid.*, Sylvanus Olympio à Henri-Francis Mazoyer, 7 mai 1962.

Il peut être difficile de discerner les intentions d'un système et les conséquences, parfois non voulues, qui en découlent. Certes l'AMT, au travers des BAM, fut un moyen (voulu ou non) pour la France de prolonger une relation de dépendance avec ses anciennes colonies, mais il faut aussi dissocier les objectifs poursuivis par les ministères des Armées et de la Coopération de l'action des militaires sur le terrain. La France avait-elle l'intention de s'immiscer dans la politique interne de l'État togolais ? Ou bien, faut-il uniquement voir dans ces événements l'action de personnes et non des institutions ? Sur ce point, Grégory Mann a montré qu'à l'époque coloniale, « les pratiques des agents de l'État s'écartent fréquemment des normes édictées par ce dernier », et que l'idée « selon laquelle les institutions et les procédures prévalaient sur les individus et les pratiques » ne serait qu'une « fiction »[75]. Le ministère des Armées considère pour sa part que les « officiers ont tous été plus ou moins mis en cause à la suite de ces évènements et [que] certains d'entre eux ont eu au moins une attitude maladroite »[76]. Pour Pierre Messmer,

> [...] il était d'ailleurs à peu près inévitable que les officiers français présents au Togo au moment de l'assassinat du Président Olympio aient été amenés à prendre contact avec le « Comité Militaire Insurrectionnel » et il est probable que, même si leur attitude était restée d'une irréprochable neutralité, ils auraient néanmoins été l'objet de critiques et d'attaques malveillantes[77].

Au lendemain du coup d'État, l'adjudant-chef Bodjollé, devenu commandant, s'attaque également à l'AMT française, mais d'une autre manière[78]. Selon lui, la France doit remplacer le capitaine Bescond qui, estime-t-il, n'a « jamais montré beaucoup de soumission au comité insurrectionnel »[79]. À l'inverse, le lieutenant Alain Benoit paraît être, selon Pierre Messmer, « le plus compromis et [celui] qui ne semble pas avoir clairement compris sa mission au Togo »[80]. De fait, il semble qu'il n'ait pas hésité à « épouser spectaculairement la cause des officiers togolais du Comité Insurrectionnel », allant jusqu'à se livrer « à de graves indiscrétions

---

75. Gregory Mann, « What was the Indigénat? The "Empire of law" in French West Africa », *Journal of African History*, vol. 50, n° 3, 2009, p. 331-353., cité et traduit par Joël Glasman, « "Connaître papier". Métiers de police et État colonial tardif au Togo », *Genèses*, n° 86, 2012, p. 37-54.
76. SHD, 6T856, Le ministre délégué chargé de la Coopération à Henri-Francis Mazoyer, 14 août 1963, Objet : maintien au Togo des lieutenants Benoit et Lorenzi.
77. *Ibid.*, Pierre Messmer, Note pour le Général de Corps d'Armée, Chef d'EMFTOM ; Objet : Officiers de l'assistance militaire technique au Togo, 16 mai 1963.
78. *Journal officiel de la République togolaise (JORT)*, Désignation de fonctions, n° 7/D/PR/Cab. Mil. Du 25-1-63, 16 février 1963, p. 111 : « à compter du 25 janvier 1963, l'adjudant-chef Bodjollé Emmanuel prend le commandement du Bataillon d'Infanterie stationné à Lomé ».
79. SHD, 6T856, Fiche, 14 mai 1963. Après le départ du capitaine Louis de Joussineau le 23 février 1962, Henri Bescond le remplace à la tête de la section armée de terre. SHD, 5H262, Ordre de bataille au 1er janvier 1962, Historique des faits. Mois de février 1962.
80. *Ibid.*, Pierre Messmer, Note pour le Général de Corps d'Armée, *op. cit*. Le lieutenant d'active Alain Benoit arrive au BAM le 20 avril 1962 ; il est l'officier adjoint d'Henri Bescond. SHD, 5H262, Ordre de bataille, *op. cit.*

sur la qualité réelle d'un officier du SDECE placé auprès du Président Grunitzky », le nouveau président de la République togolaise [81].

Face aux rumeurs, et au risque qu'elles font peser sur l'image de la France, Pierre Messmer décide en mai 1963, de « relever dans un délai de trois mois tous les officiers français en service au Togo au titre de l'assistance technique »[82]. Cette « relève progressive et sans brutalité » devait éviter les fâcheuses « incidences que pourrait avoir sur le plan diplomatique la relève prématurée de ces officiers »[83]. Le ministère des Armées cherche à dédouaner la France des accusations qui pèse sur elle dans cette affaire, mais sans risquer, par un retrait trop rapide des militaires français, qu'on considère celle-ci comme « une immixtion plus ou moins directe du Gouvernement français dans une affaire togolaise »[84]. La décision concerne six officiers du BAM (toutes sections confondues) : Rouvier, Maitrier, Tachon, Bescond, Benoit et Lorenzi [85]. Comme le président Grunitzky et, notamment, le président de l'Assemblée, Antoine Meatchi, réclament à de nombreuses reprises le maintien des officiers Benoit et Lorenzi et ne semblent pas accepter la décision prise unilatéralement par la France, le ministre délégué de la Coopération coupe court en justifiant leur départ comme relevant d'un programme « entraîné par la réorganisation des Troupes de Marine, actuellement en cours »[86].

Les soupçons d'implication du BAM dans le coup d'État embarrassent donc les responsables politiques français. De plus, « les trajectoires des forces armées nationales issues de la colonisation française apparaissent [...] rapidement problématiques, ce qui remet en question les résultats de l'AMT »[87]. À cela, s'ajoute le fait que « les difficultés des gouvernements africains à articuler pouvoir politique et pouvoir militaire » apparaissent au grand jour, et pas uniquement au Togo [88]. Pour Raymond Triboulet, ministre délégué à la Coopération (1962-1966), invoquant les cas de plusieurs États africains et malgache (EAM), la dérive des armées africaines est imputable aux bureaux d'aide militaire « qui n'ont pas su remplir leur

---

81. *Ibid.*, Fiche, *op. cit.*
82. *Ibid.*, Pierre Messmer, Note pour le Général de Corps d'Armée, *op. cit.*
83. *Ibid.*, Revol à EMFTOM, 17424, Paris, 4 septembre 1963, ; Abidjan, le général, délégation pour la défense ZOM 4, à Henri-Francis Mazoyer, 9 août 1963.
84. *Ibid.*, Le ministre délégué chargé de la Coopération à Henri-Francis Mazoyer, *op. cit.*
85. *Ibid.*, Minarm, EMFTOM, 238, Fiche interne, Objet : Officiers d'aide technique militaire au Togo, 27 mai 1963
86. *Ibid.*, Nicolas Grunitzky à Henri-Francis Mazoyer, Lomé, 25 juin 1963 ; le ministre délégué chargé de la Coopération à Henri-Francis Mazoyer, *op. cit.*
87. Camille Evrard, « Retour sur la construction des relations militaires franco-africaines », *Relations internationales*, n° 165, 2016, p. 11.
88. *Ibid.* ; SHD, 14H214, 800/EMA/ORG.2/OM.412, Objet : personnels de l'assistance militaire technique aux États africains et malgache, Paris, 20 février 1964 : « Quelques critiques concernant certains personnels de l'Assistance militaire technique sont récemment parvenues jusqu'au Chef de l'État. Elles ne concernent qu'une minorité, mais sont susceptibles de rejaillir sur l'ensemble des officiers mis à la disposition des États africains et malgache et, à travers eux, de jeter le discrédit sur la politique d'aide militaire que le Gouvernement conduit ».

rôle »[89]. Ces BAM « ont fait des soldats, négligeant leur civisme et leur état d'esprit », et par là leur mission est devenue « plus politique que militaire »[90]. L'État-major souligne également que

> [...] la désignation des personnels pour les BAM ne saurait donc avoir pour seuls critères le volontariat et une bonne qualification professionnelle. Il doit être également tenu compte de leur valeur morale, de leur don de rayonnement, de leur intégrité, de l'étendue de leurs connaissances [...] Ils doivent être parfaitement informés de l'évolution dans tous les domaines du pays où ils vont servir et comprendre les problèmes de l'Armée nationale qu'ils vont aider. Ils doivent enfin, toute en demeurant Français, être loyaux à l'égard du Gouvernement à la disposition duquel ils sont placés et ne pas s'immiscer dans les affaires de l'État[91].

De plus, le coup d'État, la mise en place du nouveau gouvernement et la militarisation de la vie politique togolaise ouvrent une nouvelle période dans les relations militaires entre la France et le Togo. Les « nouveaux dirigeants », qu'ils soient hommes politiques ou militaires, « sollicitèrent [...] un accroissement de l'aide militaire française, afin de mener à bien le renforcement des Forces Armées togolaises exigé par les promoteurs du coup d'État »[92]. Hasard du calendrier, une « notice à l'usage des officiers appelés à servir au Togo » venait d'être achevée le 1er janvier 1963[93]. Envoyée aux officiers français appelés à servir dans ce pays, elle précise qu'ils doivent veiller particulièrement à leur comportement dans cet État :

> Lomé est un rassemblement de diplomates, et par conséquent d'observateurs, que la faible étendue du pays et les « disponibilités du temps » rendent plus attentifs aux faits et gestes du militaire français isolé dans ce pays qui fut, il ne faut pas l'oublier, un ancien « protégé » de l'ONU.

Il est également recommandé aux officiers d'établir des contacts « directs » avec les autorités, « afin d'éviter que ses intentions et ses gestes ne soient interprétés ».

CONCLUSION

C'est par le BAM que doivent passer toutes les requêtes en lien avec l'appareil militaire : les demandes financières, les envois de stagiaires togolais dans les écoles militaires françaises, les envois de matériel, etc. Bien

---

89. SHD, 1R.223, Le colonel Pinhede ..., *op. cit.*
90. *Ibid.* Sur la militarisation de la vie politique togolaise : Pauline Cherbonnier, « Le renforcement des forces armées togolaises (FAT). Conséquence de la déflation du dispositif militaire français en Afrique (1964-1965) », *Bulletin de l'Institut Pierre Renouvin*, n° 51, 2020, p. 27-38.
91. SHD, 14H214, 800/EMA/ORG.2/OM.412, Objet : personnels de l'assistance militaire technique aux États africains et malgache, 20 février 1964.
92. SHD, 5H31, Rapport de fin de commandement du général de brigade Le Porz, *op. cit.*
93. AN, AG5(F)2644, Notice à l'usage des officiers appelés à servir au Togo, *op. cit.*

que ce bureau soit de taille relativement réduite du point de vue de ses effectifs, il ne faut pas oublier que la place de ces bureaux et de l'AMT était liée à l'importance des territoires, même si, comme l'évoque brièvement Pierre Dabeziès, des considérations d'ordre politique pouvaient interférer. Le BAM est donc vraisemblablement le pivot central, et vital, par lequel passe l'aide militaire. Cette place stratégique dans le système plus vaste d'AMT en fait un élément essentiel de la politique française de coopération.

L'étude des BAM mériterait une plus grande attention, car la compréhension de l'architecture générale de l'AMT française en Afrique à travers sa constitution, son fonctionnement et son imbrication dans le système plus large des ZOM (Zone d'Outre-mer 1, 2, 3 et 4) permettrait de mieux cerner la manière dont se sont formées les armées africaines, mais également le rôle de la France dans ces formations. En dépassant le stade de la monographie, essentielle dans un premier temps, une étude d'ensemble incluant les sections gendarmerie, mais également celles de l'armée de l'air et de la marine dans les autres anciens territoires de l'empire français contribuerait à la connaissance de la création de ces forces armées, des modalités de transmission d'un pouvoir militaire de type colonial et occidental, et de la part d'héritage étranger en leur sein.

Pauline CHERBONNIER
MESOPOLHIS (ED 355) / Sciences Po Aix – Aix Marseille Université

La Basse-Normandie et la Norvège : échecs et réussites d'une diplomatie régionale (1979-2015) *

Le 22 mai 2012 se tient à Hérouville Saint-Clair, dans le Calvados, le conseil municipal. À l'ordre du jour : le choix d'un nom pour la nouvelle école maternelle. Christine Bonnissent, alors maire-adjointe à l'Éducation, propose de nommer l'établissement scolaire « Le Jardin de Rollon »[1]. Les débats s'enveniment. Pour l'un des élus, Pascal Rogue, Rollon a été « expulsé de Norvège car il n'arrêtait pas de piller, [...] après moult massacres et moult pillages, on lui donne la future Normandie pour qu'il se calme mais il n'a aucune parole ». Pour d'autres, ce nom fait « Normandie de carnaval » et n'a rien d'historique[2]. Cet évènement, loin d'être anecdotique, reflète bien les relations qu'entretiennent les Normands avec la Norvège et plus largement avec la Scandinavie. Ont-ils des ancêtres et un passé commun ou n'est-ce qu'un mythe né aux XIe et XIIe siècles ?

Pendant longtemps, les échanges entre les deux régions ont été dominés par le mythe viking (ou nordiste), avant que, dans les années 1980, la région bas-normande entreprenne de mettre en place une véritable coopération universitaire, culturelle, voire économique avec la Norvège. Le linguiste et traducteur Régis Boyer a longuement étudié la naissance de ce mythe et sa plasticité[3]. Reposant sur des faits difficilement vérifiables, ce mythe a réussi à traverser les époques en évoluant. Au tournant des XIXe et XXe siècles, il connaît un renouveau important dans

---

* Cet article est tiré de notre mémoire de master, *Diplomatie territoire et relations internationales : la Normandie et la Norvège (1974-2015)*, soutenu sous la direction du professeur Laurence Badel, Université Paris 1 Panthéon Sorbonne, juin 2020.
 1. Rollon est un chef viking qui au début du Xe siècle est installé dans le Nord-Ouest de la France. En 911, à la suite d'un conflit avec le marquis de Neustrie, Charles le Simple obtient de Rollon qu'il se soumette à l'autorité des Francs et qu'il se fasse baptiser. En échange, les Scandinaves obtiennent le territoire compris entre l'Epte et la mer, qui devient la Normandie. Cet accord porte le nom de Traité de Saint-Clair-sur-Epte. Pierre Baudouin, *Les Vikings*, Paris, Presses Universitaires de France, « Que sais-je ? », 2018, p. 61.
 2. *Ouest-France*, archives en ligne du quotidien, 23 mai 2012.
 3. Régis Boyer, *Les Vikings : histoire et civilisation*, Paris, Perrin, 2004.

le sillage du mouvement régionaliste qui se développe dans les cercles intellectuels normands. L'engouement culmine en 1911, lors de la célébration du Millénaire de la région organisé à Rouen, où défilent des hommes et des femmes habillés en Vikings sur des chars représentant des drakkars [4]. Après la Première Guerre mondiale, l'élan régionaliste, qui portait le mythe nordiste, s'essouffle et, jusqu'à la fin des années 1970, la Normandie et la Norvège entretiennent peu de contacts. Au début des années 1980, leurs échanges reprennent et, détachés de cette histoire régionaliste, suscitent des relations culturelles, universitaires et économiques.

Ce travail de recherche a pour but de réfléchir à la possibilité pour une région faisant partie d'un État centralisé comme la France de mettre en place de véritables pratiques diplomatiques avec un État ou une région étrangère. Plusieurs observations préliminaires s'imposent afin de comprendre l'intérêt de cette question pour l'histoire des relations internationales. Tout d'abord, si un certain nombre de lois, comme la loi Defferre sur la décentralisation en 1982, ont donné plus d'autonomie aux collectivités territoriales en France, beaucoup de questions, notamment tout ce qui est relatif aux relations internationales, restent en réalité la prérogative de l'État et du gouvernement. Néanmoins, depuis quelques années, la recherche en histoire s'intéresse aux initiatives locales et territoriales ayant émergé face à la diplomatie étatique. Ainsi, les jumelages d'après-guerre entre la France et l'Allemagne ont fait l'objet d'études approfondies, tout comme les jumelages des années 1970 destinés à soutenir la politique gouvernementale d'aide au développement [5]. Enfin, les relations transfrontalières, notamment entre l'Allemagne, la Suisse et la France ont donné lieu à un certain nombre de travaux universitaires [6]. Mais le cas de la Basse-Normandie et de la Norvège est particulier car leurs liens n'ont pas été tissés à la demande de l'État français, comme cela a pu être le cas pour les jumelages des années 1970, mais à l'initiative de la Basse-Normandie elle-même. Ainsi cette dernière est parvenue à créer un important réseau d'acteurs institutionnels et privés, experts dans le domaine des relations franco-norvégiennes et capables de mettre en place de véritables pratiques diplomatiques. Ces actions, le plus souvent débutées de manière informelle, ont cherché petit à petit à s'institutionnaliser jusqu'à faire de la Basse-Normandie le relais des relations franco-norvégiennes en France.

---

4. Jean-Pierre Chaline, « Rouen 1911 : le millénaire de la Normandie », *in* Jean-Marie Levesque (dir.), *Dragons et drakkars : le mythe viking de la Scandinavie à la Normandie : XVIIIe-XXe siècles*, Caen, Musée de la Normandie, 1996, p. 73.

5. Corine Defrance, « Les jumelages franco-allemands. Aspect d'une coopération transnationale », *Vingtième Siècle. Revue d'histoire*, 2008/3, n° 99, p. 189-201 ; Mathilde Collin, « Les jumelages de villes européennes. Une relecture des origines politiques des jumelages et de leur inscription dans le champ des relations internationales », *Relations internationales*, 2019/3, n° 179, p. 53.

6. Par exemple : le dossier « Pouvoirs locaux et régionaux dans les relations internationales. De la coopération à la diplomatie territoriale ? », *Relations internationales*, n° 179, Automne 2019.

Il est possible de dégager trois grandes périodes dans cette coopération entre la Basse-Normandie et la Norvège. Tout d'abord, les échanges éducatifs ont constitué un point de départ ; encore très importants aujourd'hui, ils ont suscité le renouveau de ces relations à partir de 1979. Dans un second temps, les échanges culturels ont pris une place croissante dans la diplomatie mise en place par la Basse-Normandie. Ces échanges débutent réellement avec la création de l'Office franco-norvégien d'échanges et de coopération (OFNEC) en 1983 et atteignent leur sommet lors de la création du festival des Boréales de Normandie en 1992. Enfin, à partir de 1993 et de la signature de l'accord de jumelage entre la Basse-Normandie et la région du Hordaland, une nouvelle forme de coopération, cette fois économique, est inaugurée. Notre étude, qui permet de réfléchir à la fois aux liens entre diplomatie régionale et nationale ainsi qu'aux rôles et aux identités des acteurs régionaux engagés dans des politiques et pratiques internationales, s'appuie à la fois sur des sources publiques telles que les archives municipales de Bayeux, les archives du département du Calvados, les archives du Conseil régional de Basse-Normandie, les archives nationales françaises, notamment les fonds du ministère de la Culture, et enfin, les archives diplomatiques du Quai d'Orsay. Les sources privées ont aussi constitué un corpus important, notamment les archives de l'OFNEC et du quotidien régional *Ouest-France*. Enfin, des entretiens ont été menés avec des acteurs des relations franco-norvégiennes.

LES ÉCHANGES ÉDUCATIFS ET UNIVERSITAIRES : ENTRE DIPLOMATIE NATIONALE ET DIPLOMATIE RÉGIONALE

Les premiers liens noués entre la Basse-Normandie et la Norvège à la fin des années 1970 sont, nous l'avons dit, des liens éducatifs et universitaires. Les programmes alors mis en place, soit la section norvégienne de Bayeux et l'OFNEC, existent toujours aujourd'hui et représentent la clef de voûte de la diplomatie de la Basse-Normandie. S'ils ont vu le jour dans des circonstances qui mêlent l'action de l'ambassade de France et des acteurs régionaux, ces derniers ont dû contourner certains écueils posés par la diplomatie nationale, pas alors prête à partager ses compétences avec une instance régionale.

En 1977, Espe Hansteen Fossum, un élève de la section norvégienne du lycée de Rouen et le représentant de l'Association des étudiants norvégiens à l'étranger, souhaite rencontrer Éric Eydoux, conseiller culturel de l'ambassade de France en Norvège [7]. Il se fait le porte-parole de

---

7. Archives du Lycée Alain Chartier, livret réalisé pour les dix ans de la section norvégienne de Bayeux, 1989 ; il existe aujourd'hui trois sections norvégiennes en France, celle de Rouen, créée en 1918, celle de Bayeux, en 1979, et celle de Lyon, en 1989. Seule la section lyonnaise est mixte. La première section norvégienne est née de l'initiative de Paul Verrier, professeur d'anglais normand et du ministère des Affaires étrangères. Vincent André, *La Saga norvégienne du Lycée Corneille de Rouen*, Rouen, CRDP, 1983.

plusieurs étudiantes norvégiennes qui déplorent que la section norvégienne de Rouen ne soit pas mixte. Elles dénoncent la discrimination dont elles sont victimes et demandent à pouvoir venir étudier en France comme leurs camarades masculins [8]. Éric Eydoux accepte de trouver une solution mais il faudra chercher un nouveau lycée car le lycée Corneille de Rouen ne peut accepter davantage d'élèves norvégiens. En mars 1977, l'ambassade envoie donc en France deux professeurs, Jean-Louis Tarrou et J. Aarhoug, qui visitent plusieurs lycées, parmi lesquels le lycée Alain Chartier de Bayeux dont la proviseure, Raymonde Baile, manifeste un grand enthousiasme pour le projet de section norvégienne [9]. Quelques mois plus tard, c'est Jean Le Carpentier, maire de Bayeux, qui se rend à Oslo et rencontre Éric Eydoux. Ils ne parlent pas de la section norvégienne mais le maire souhaite faire construire une réplique de drakkar pour sa ville. Même si ce projet ne vit jamais le jour, cette visite finit par convaincre Éric Eydoux de l'intérêt de Bayeux pour la Norvège. Dès lors, il fallait trouver des fonds pour financer la création de la section.

Or, si l'ambassade s'est impliquée dans la recherche d'un lycée, elle se met ensuite en retrait. Éric Eydoux et le lycée Alain Chartier vont devoir utiliser des moyens détournés pour atteindre leur but. Le recrutement des premières élèves a lieu alors que ni le gouvernement français ni le gouvernement norvégien n'ont approuvé l'initiative. C'est Éric Eydoux qui fait appel à son réseau de connaissances universitaires pour trouver une professeure pour les jeunes filles. Ce sera Britt Veland, une enseignante norvégienne qui s'est installée en France avec son époux, alors lecteur de norvégien à l'Université de Caen et ami d'Éric Eydoux [10]. Aucun budget n'étant alloué à la section par les autorités françaises et norvégiennes puisqu'officiellement, elle n'existe pas, on décide de s'appuyer sur des bourses déjà existantes. En effet, chaque élève norvégien qui décide d'aller étudier à l'étranger reçoit une bourse du gouvernement norvégien, peu importe le programme choisi. Il est également convenu que les élèves norvégiennes seront logées à l'internat du lycée la semaine et en famille d'accueil le weekend, ces frais étant portés à la charge de leurs parents. À l'été 1978, les cinq jeunes filles recrutées s'apprêtent à partir en Basse-Normandie.

Cette mise en place officieuse de la section norvégienne est caractéristique des pratiques para-diplomatiques. Comme l'a montré notamment Birte Wassenberg dans un article sur la coopération transfrontalière en Europe après la Seconde Guerre mondiale, les acteurs locaux ont souvent recours à ce qu'elle appelle une « ingénierie transfrontalière » qui consiste

---

8. Entretien de l'auteure avec Éric Eydoux, Caen, 8 janvier 2019.
9. Livret réalisé pour les dix ans de la section norvégienne de Bayeux, 1989 ; Michèle Delale, Éric Eydoux, Jean-Claude Lebresne, Jean-François Lesacher, Noëlle Piqueret et Françoise Zellern, réunion de préparation du quarantième anniversaire de la section norvégienne du lycée de Bayeux, Bayeux, 30 avril 2019.
10. Archives personnelles d'Éric Eydoux, note préparatoire à la Commission mixte franco-norvégienne de 1979, juillet 1979.

à « inventer des outils spécifiques car les cadres juridiques nationaux n'ont pas prévu cette forme de "petite" politique étrangère »[11]. Le projet de section norvégienne ne fut officiellement présenté aux gouvernements français et norvégien qu'à l'été 1979, soit un an après le recrutement des premières élèves[12]. Finalement, les deux pays acceptent de participer aux frais de fonctionnement de la section, en versant notamment des bourses aux jeunes filles. Il est également décidé que le ministère royal des Affaires étrangères norvégien prendrait en charge le recrutement des élèves. Si l'on ne peut pas dire que la section norvégienne de Bayeux a été créée sans l'intervention de la diplomatie traditionnelle, notamment parce qu'Éric Eydoux occupait à l'époque un poste à l'ambassade, on observe néanmoins que ce n'est pas le Quai d'Orsay qui a supervisé ce projet, mais bien des acteurs locaux et régionaux, et cela, dans un premier temps, de manière officieuse. Comme nous verrons, la diplomatie régionale réutilisa par la suite ce type de pratiques à plusieurs reprises, notamment pour contourner un certain nombre de contraintes imposées par la diplomatie étatique.

La diplomatie française en Norvège traversant un moment délicat à la fin des années 1970, cela inspire une nouvelle idée à Éric Eydoux et à plusieurs professeurs de français en Norvège. En 1974, le *Storting* (le parlement norvégien) a en effet décidé de supprimer l'enseignement obligatoire du français dans les écoles[13]. Or, une grande partie de la diplomatie d'influence de la France repose sur la diffusion de sa langue et ce, depuis la création des Alliances françaises en 1883 puis des Instituts français en 1907[14]. Le Quai d'Orsay n'est pas le seul à regretter cette réforme « *om videregående opplæring* » (sur l'enseignement secondaire supérieur) qui doit entrer en vigueur le 1er janvier 1976. Un petit groupe d'universitaires norvégiens mené par Rolf Tobiassen, professeur de français à l'Université d'Oslo, crée un Comité de défense de la langue française[15]. Ce groupe reçoit le soutien de l'ambassade de France pour mener des actions de sensibilisation sur l'apprentissage du français[16]. En 1976, Éric Eydoux, qui prend alors ses fonctions à l'ambassade de France, se rapproche de ce

---

11. Birte Wassenberg, « Diplomatie territoriale et coopération transfrontalière en Europe depuis 1945 », *Relations internationales*, 2019/3, n° 179, p. 14.
12. Archives personnelles d'Éric Eydoux, juillet 1979, *op. cit.*
13. Cette réforme, mise en place pour le gouvernement travailliste a pour but de démocratiser l'enseignement. L'apprentissage de l'anglais et d'une deuxième langue étrangère reste obligatoires.
14. Matthieu Gillabert, Pauline Milani, « Introduction : Modèles et contre-modèles transnationaux de diplomaties culturelles », *Relations internationales*, n° 169, 2017/1, p. 3-10.
15. Archives du ministère français des Affaires étrangères, La Courneuve (ci-après : AMAE-La Courneuve), Service des Affaires culturelles, scientifiques et techniques, Europe, 1969-1980, 1450, copie de la lettre de Rolf Tobiassen au ministère des Cultes et de l'Éducation nationale norvégien, traduction de l'ambassade d'Oslo, s.d.
16. Composé de six professeurs de français norvégiens, ce comité était officieux. Il a été largement financé par diverses instances françaises, dont le Service culturel de l'ambassade de France à Oslo et le Haut Comité de la langue française. AMAE-La Courneuve, Service des Affaires culturelles, scientifiques et techniques, Europe, 1969-1980, 1451, procès-verbal de la 15e Commission mixte franco-norvégienne de 1977, 9 juin 1979.

Comité. En 1978, conscient qu'il serait difficile de convaincre le gouvernement norvégien de changer la loi, il décide, avec Rolf Tobiassen, de mettre en place une structure binationale qui facilitera l'accueil des étudiants et chercheurs norvégiens dans le monde universitaire français. Il fallut quatre années pour que l'Office franco-norvégien d'échange et de coopération (OFNEC) voie le jour à Caen [17].

C'est le début d'une diplomatie universitaire régionale qui lie la Normandie à la Norvège depuis plus de quarante ans. Contrairement à la Section norvégienne de Bayeux, l'initiative est dès 'le départ soutenue par la diplomatie française. Mais l'institution diplomatique et l'institution universitaire peinent à répartir leurs rôles respectifs. La diplomatie universitaire existe depuis la fin du XIXe siècle dans le cadre du « rayonnement culturel » de la France [18]. Si, habituellement, ce sont les universités qui rivalisent entre elles pour attirer le plus d'étudiants étrangers, parfois elles peuvent également entrer en concurrence avec la diplomatie étatique qui, en France, a aussi en charge le rayonnement culturel. Comme l'a montré Guillaume Tronchet, il se développe dès 1920 un « affrontement entre les différents acteurs institutionnels se disputant le leadership de l'action intellectuelle de la France à l'étranger » [19]. Mais, dans le cas de l'OFNEC, il faut aussi prendre en compte le fait que certains universitaires sont aussi des diplomates, comme Éric Eydoux. Cette double appartenance, qui est la spécificité de l'OFNEC, a aussi créé un problème, notamment pour son financement. En effet, en 1980, le Quai d'Orsay attribue « à titre exceptionnel » une subvention à l'OFNEC tout en précisant que cette dotation ne sera pas renouvelée [20]. En 1983, au moment de l'ouverture du centre, une solution plus pérenne est trouvée : les frais de fonctionnement sont répartis entre les universités norvégiennes partenaires de l'OFNEC (Oslo en 1983, Bergen en 1985, Trondheim en 1986 et Tromsø en 1989), l'Université de Caen, les ministères des Affaires étrangères français et norvégien et la Basse Normandie. Mais, en 1984, surgit une nouvelle difficulté : le poste de secrétaire de l'OFNEC risque d'être supprimé. La présidente de l'Université de Caen tente alors de plaider la cause de l'Office auprès de l'ambassade de France à Oslo [21]. En vain. Finalement, le Quai d'Orsay demande au ministère de l'Éducation nationale d'intervenir, ce qu'il accepte finalement de faire l'année suivante, en

---

17. Entretien de l'auteure avec Éric Eydoux, Caen, 8 janvier 2019.
18. Guillaume Tronchet, « Savoirs en diplomatie. Une histoire sociale et transnationale de la politique universitaire internationale de la France (années 1870-années 1930) », thèse de doctorat de l'Université Paris 1 Panthéon-Sorbonne, 2014.
19. *Idem.*
20. AMAE-La Courneuve, Service des Affaires culturelles, scientifiques et techniques, sous-série Europe, 1969-1980, 1449, lettre de Jean Barbedat, chef des services de la diffusion et des échanges culturels à la direction générale des relations culturelles, scientifiques et techniques, à Pierre Dessaux, ambassadeur de France à Oslo, 27 mai 1980.
21. *Ibid.*, Direction d'Europe, 1981-1985, 5379, dossier NOR 6 2/4 - 17e commission mixte, Oslo 17-18 septembre 1984, note préparatoire à la commission mixte, septembre 1984.

1984[22]. Mais la Rue de Grenelle tient à rappeler que le statut ambigu de l'OFNEC, entre centre universitaire et initiative diplomatique, est problématique. En effet, le Quai d'Orsay avait initialement refusé de subventionner l'OFNEC en vertu du principe de l'indépendance des universités. Nous verrons d'ailleurs que cette ambiguïté dans le statut de l'OFNEC est un problème récurrent dans la suite de son histoire : l'Office est un centre entre monde diplomatique et monde universitaire mais il est aussi, comme nous allons le voir, un centre culturel norvégien à part entière.

DES ÉCHANGES CULTURELS : ENTRE RECHERCHE D'INDÉPENDANCE
ET CONSÉCRATION D'UNE DIPLOMATIE RÉGIONALE

Bien plus qu'un simple centre universitaire accueillant des étudiants et des chercheurs norvégiens en France, l'OFNEC entend s'imposer, dès sa création, comme un véritable centre culturel norvégien. Mais il va se heurter notamment à la réticence de la diplomatie étatique française. En effet, si au niveau universitaire, l'indépendance des universités donne à l'OFNEC une certaine liberté pour développer une diplomatie parallèle, l'influence culturelle est, en principe, la chasse gardée des diplomaties nationales depuis le début du XXe siècle. Or, la partie norvégienne affirme cette vocation culturelle de l'OFNEC dès 1979, lors de la présentation du projet à la Commission mixte, laquelle affirme : « ce Centre pourrait ultérieurement se développer dans le domaine de la recherche et des échanges culturels[23] ». De plus, ses statuts stipulent qu'il est un « centre de rencontre, de recherche et d'échange d'informations entre les deux pays »[24]. Clairement donc, l'OFNEC est pour les autorités norvégiennes un centre culturel dont le but est de promouvoir la culture norvégienne en France et de faire de la Basse-Normandie le centre des relations culturelles franco-norvégiennes, comme l'affirme Bjarne A. Waaler, président de l'Université d'Oslo, lors de l'inauguration du centre :

> Nous sommes également heureux de la possibilité que nous offre l'Université de Caen de développer encore d'autres contacts en France, en nous servant de l'office comme notre tête de pont et notre base. Nous mettons de grands espoirs dans cette coopération franco-norvégienne qui va se développer ici et à partir d'ici[25].

Or, contrairement à ses voisins scandinaves, la Norvège ne possède pas de centres culturels à l'étranger. L'Institut suédois ainsi que la Maison

---

22. *Idem*.
23. *Ibid*., Service des Affaires culturelles, scientifiques et techniques, Europe, 1969-1980, 1449., lettre de Jean Barbedat à Pierre Dessaux, ambassadeur de France à Oslo, 27 mai 1980, *op. cit.*
24. Archives de l'OFNEC, Caen, statut de l'OFNEC, 23 novembre 1983.
25. *Ibid*., Bjarne A. Waaler, discours prononcé lors de l'inauguration de l'OFNEC, 29 octobre 1983.

du Danemark, tous deux situés à Paris, sont placés sous la responsabilité des ministères des Affaires étrangères suédois et danois. L'OFNEC, quant à lui, non seulement n'est pas installé à Paris, mais sa direction est assurée par des universitaires normands et norvégiens. De nouveau, la situation ambiguë de l'OFNEC pose un problème à la diplomatie française. Si l'Office est, à l'instar de l'Institut suédois et de la Maison du Danemark, un centre culturel norvégien en France, il revient alors au ministère des Affaires étrangères norvégien de prendre en charge les frais de fonctionnement de l'OFNEC. Selon une note du conseiller culturel de l'ambassade de France à Oslo datée du 10 avril 1984, le Quai d'Orsay ne veut pas reconnaître celui-ci comme un véritable centre culturel norvégien, parce qu'il n'est pas situé à Paris et que sa structure est française et universitaire [26]. Cette décision est réitérée par Micheline Frenot, la sous-directrice de la politique linguistique à la Direction du français au sein du ministère des Affaires étrangères :

> L'Office qui agit dans un cadre universitaire régional ne saurait devenir un centre exclusif d'échanges entre la Norvège et la France ; il est en effet indispensable que soit maintenue la coopération existant par ailleurs entre le service culturel de [l']Ambassade à Oslo et les institutions françaises d'enseignement supérieur à vocations scientifique, technique ou commerciale [27].

Mais, pour les responsables de l'OFNEC, le centre a une vocation nationale, que le Quai d'Orsay le veuille ou non. Éric Eydoux décide donc de créer une association loi 1901 pour permettre à l'Office de « poursuivre ses activités dans un cadre plus large que ne le lui offrent pas les statuts actuels » [28]. Dès lors, cette nouvelle structure, dégagée des contraintes diplomatiques ou universitaires de l'OFNEC, a pu se consacrer à la promotion de la culture norvégienne en France. Outre l'idée d'ingénierie transfrontalière, Birte Wassenberg a montré l'importance des associations de droit privé qui permettent de créer des formes de coopération qui ne sont pas prévues par la diplomatie nationale [29]. C'est bien pour cette raison que l'OFNEC a recouru à la création d'une association. Peu à peu, l'Office s'impose comme un véritable centre culturel, ainsi qu'en témoignent la longue liste des activités culturelles proposées et son importante contribution à la traduction d'ouvrages norvégiens en français. L'Office, par exemple, est contacté en 1991 par le ministère de la Culture, qui souhaite profiter de son expertise dans le domaine de la littérature norvégienne pour l'organisation de la cinquième édition du

---

26. AMAE-La Courneuve, Direction d'Europe, 5379, NOR 6 2/4, Inauguration de l'OFNEC, note sur la situation de l'Office franco-norvégien de l'Université de Caen, 10 avril 1984.
27. *Ibid.*, procès-verbal de la réunion au sujet de l'OFNEC adressé à Mme Lanchon, coordinatrice Europe, 17 octobre 1984.
28. Entretien de l'auteure avec Éric Eydoux, Caen, 8 janvier 2019.
29. Birte Wassenberg, *op. cit.*, p. 12.

programme « Belles étrangères »[30]. Il lui demande de mettre sur pied des rencontres avec onze auteurs en France et en Belgique[31]. De plus, à l'occasion de la venue en France du roi Harald V et de la reine Sonja de Norvège en mars 2000, et à la demande de l'ambassade norvégienne, l'OFNEC a également monté une exposition sur le « regard qu'au fil du temps les Français [ont] porté sur la Norvège », exposition présentée au musée de la Marine à Paris et au Conseil régional de Basse-Normandie[32]. Cependant, si l'Office a réussi à obtenir de façon officieuse un statut de centre culturel norvégien, c'est la création du festival des Boréales en 1991 qui l'impose définitivement dans le paysage culturel franco-scandinave.

L'OFNEC ayant recouru à une association loi 1901 pour assurer son rôle de centre culturel, ses membres réitèrent l'expérience en créant en 1991 une nouvelle association, Norden, pour patronner un festival de culture nordique en Basse-Normandie : les Boréales[33]. Ce festival est piloté par l'Office jusqu'en 1999, année où, face à l'ampleur prise par l'événement, il passe aux mains du Centre régional des Lettres de Basse-Normandie. Ce festival représente également l'apogée de l'ambition culturelle de l'Office, même si, comme nous le verrons, celle-ci a pu être quelque peu contrariée. L'intention première de ses deux initiateurs, Éric Eydoux et Lena Christensen, alors lectrice de danois à l'Université de Caen, est de créer un festival littéraire qui permettrait de produire et de diffuser en Normandie, mais aussi dans toute la France, des traductions d'œuvres littéraires nordiques. En effet, l'association Norden se compose de professeurs de littérature nordique de l'Université de Caen, comme Philippe Bouquet ou Jean Renaud, mais également de quatre lectrices de langues scandinaves – Marianne Rosenberg (suédois), Kari Bergsjø (norvégien), Lena Christensen (danois), Steinunn Le Breton (islandais) – ainsi que Tuula Lehman, assistante de finnois. Au fil des années, les Boréales deviennent un moment de rencontre entre les auteurs nordiques et le public français. En 1996, pour l'hebdomadaire *Télérama*, c'est « la principale manifestation consacrée au livre nordique en Europe du Sud »[34]. Les Boréales permettent au public français de découvrir les traductions d'auteurs classiques comme le Suédois Stig Dagerman ou le Norvégien Alexander Kielland, mais aussi d'auteurs contemporains qui,

---

30. Créé par Jack Lang, alors ministre de la Culture, le programme « Belles Étrangères », a duré vingt-trois ans, de 1987 à 2010. Il avait pour but de mettre en lumière la culture littéraire d'un pays étranger.
31. Archives Nationales de France, Pierrefitte-sur-Seine (ci-après : AN), Cabinet des ministres délégués et secrétaires d'État auprès du ministre chargé de la Culture, 19940552/10, dossier « Belles Étrangères », programme des Belles Étrangères, 1991.
32. Odile Blanvillain, Éric Eydoux, Rolf Tobiassen, *L'Office franco-norvégien d'échanges et de coopération, trente ans de coopération franco-norvégienne*, 1983-2013, Caen, Université de Caen, Carré International, 2013, p. 46.
33. AN, département des Affaires internationales (ministère de la Culture et de la Communication), 20010416/2, dossier Les Boréales, statut de l'association Norden, 1992.
34. Odile Blanvillain, Éric Eydoux, Rolf Tobiassen, *op. cit.*, p. 122-123.

sans le festival, n'auraient certainement jamais été traduits, comme l'auteure norvégienne Tove Nilsen.

Figure 1. *Affiche de la quatorzième édition du Festival des Boréales (2005).*
Archives des Boréales, Caen, Normandie.

Si, comme nous l'avons vu, la diplomatie française est réticente devant les ambitions culturelles de l'OFNEC, ce n'est pas le cas des gouvernements scandinaves qui voient, dans les activités du Centre et plus particulièrement dans les Boréales, l'occasion de promouvoir leur culture en France. Ils participent donc activement au financement du festival : en 1996, les subventions accordées par les gouvernements scandinaves étaient de 482 500 francs, contre 80 000 francs pour le ministère de la Culture français [35]. Il a également l'ambition d'attirer un public plus large que celui des seuls Bas-Normands. Pour diffuser ses traductions partout en France, le festival a créé tout d'abord une « Collection nordique », en 1992, en collaboration avec Michel Zuingedhau, alors directeur des Presses universitaires de Caen (PUC) [36]. Puis, en 1997, Éric Eydoux, qui souhaitait augmenter le nombre de traductions disponibles, fonde une nouvelle maison d'édition, Le Bois debout. Entre 1992 et 2000, vingt-

---

35. AN, département des Affaires internationales (ministère de la Culture et de la Communication), 20010416/2, dossier Les Boréales, Norden, budget prévisionnel pour l'année 1996, non daté.
36. Odile Blanvillain, Éric Eydoux, Rolf Tobiassen, *op. cit.*, p. 46.

deux traductions ont été publiées dans la collection nordique des PUC et six au Bois debout [37]. Le festival lui-même a essayé de s'implanter hors de Basse-Normandie, notamment en organisant des rencontres et des événements dans les régions et départements voisins, comme en Haute-Normandie (Rouen) ou en Bretagne (Rennes, Saint-Malo, Saint-Nazaire), mais aussi dans le Sud de la France (Avignon, Montpellier) et même à Bruxelles [38]. Mais cette ambition nationale débouche sur un échec relatif puisque ces initiatives ne représentent au total que 5 % des événements ayant le festival pour cadre entre 1992 et 2009 [39]. De plus, après que le Centre national du livre (CNL) eut repris la direction du festival, plus aucun évènement n'est organisé hors de la Basse-Normandie.

Les Boréales restent donc avant tout un festival régional : en 1998, la presse régionale assurait 82 % de sa couverture médiatique, contre 16 % pour la presse nationale et 2 % pour la presse internationale [40]. L'OFNEC s'est donc heurté ici à l'une des limites de la para-diplomatie régionale : elle peut être efficiente à petite échelle, mais elle peine souvent à mettre en place des projets d'ampleur nationale. Néanmoins, en Basse-Normandie, d'autres acteurs régionaux eurent pour ambition de donner une ampleur nationale et internationale à cette diplomatie régionale. C'est le cas en particulier des promoteurs du jumelage entre la Basse-Normandie et le Hordaland qui vont tenter d'inaugurer, non sans peine, une nouvelle forme de coopération à l'échelle européenne.

LE JUMELAGE BASSE-NORMANDIE-HORDALAND : AMBITIONS ET LIMITES
DE LA DIPLOMATIE RÉGIONALE

Le 29 novembre 1993, une nouvelle étape est franchie dans les relations entre la Basse-Normandie et la Norvège avec la signature d'un accord de jumelage entre la Basse-Normandie et le Hordaland [41]. Les jumelages ont toujours été des outils privilégiés des relations entre régions et entre villes. Comme l'a montré Corinne Defrance, les jumelages conclus après 1945 entre des villes allemandes et françaises ont constitué

---

37. *Idem.*
38. Festival des Boréales, Archives des Boréales (Caen), carte des lieux accueillant le festival et liste des subventions, 1996.
39. AN, département des Affaires internationales (ministère de la Culture et de la Communication), 20010416/2, dossier Les Boréales, Norden, budget prévisionnel pour l'année 1996, non daté.
40. Festival des Boréales, Archives des Boréales (Caen), 2000-2002 revue de presse, bilan des retombées presse pour la 7e édition du Festival, calcul de l'auteur.
41. Jusqu'au 1er janvier 2020, la Norvège était divisée en 18 *fylkers* (comtés). Le Hordaland était alors la troisième région la plus peuplée de Norvège. Après la réorganisation administrative du territoire norvégien, le Hordaland et le Sogn og Fjor dane ont été réunis en une seule entité : la région du Vestland.

un premier essai de diplomatie territoriale pour les villes et régions françaises [42]. Recourir à cette formule pour nouer des liens entre les deux régions n'a donc rien d'étonnant. Très rapidement, René Garrec, président de la région Basse-Normandie, affirme son intention de pratiquer une véritable diplomatie territoriale. Il déclare, lors de la signature de la charte, que la Basse-Normandie est officiellement devenue « le point d'ancrage pour la Norvège en France » [43].

Le jumelage permet aussi d'inaugurer une coopération économique et technique entre la Basse-Normandie et la Norvège. Car l'économie des deux régions a de nombreux points communs, dont celui d'être toutes deux orientées vers la mer. Dès 1994, un *Compagnie to compagnie meeting* est organisé à Bergen : des entreprises des deux régions se rencontrent dans le but de signer des accords de coopération. Toutes les sociétés présentes ont un lien avec le domaine maritime : pêche, construction navale, etc. [44]. En 1997, les deux régions prennent part, ensemble, au projet *Norwegian King Scalopp*, afin de développer une coopération scientifique et technique autour de l'élevage de la coquille Saint-Jacques [45]. La même année est inaugurée une collaboration de trois ans entre des scientifiques français et norvégiens pour l'étude des radionucléides artificiels en milieu marin [46]. Officiellement, cette collaboration n'est pas liée au jumelage, mais elle montre malgré tout la vitalité des collaborations scientifiques et techniques entre la Basse-Normandie et la Norvège.

L'expertise de la Basse-Normandie sur la Norvège est également reconnue, ce qui vaut aux autorités régionales de représenter l'État français à plusieurs reprises. René Garrec, par exemple, est invité le 26 novembre 1996 à Paris comme « personnalité française en lien avec la Norvège », à une rencontre organisée par la diplomatie norvégienne sur le thème de la coopération industrielle franco-norvégienne aux côtés de Grete Knudsen, ministre du Commerce et de l'industrie norvégienne, et de Franck Borotra, ministre français de l'Industrie [47]. À la demande du Quai d'Orsay, la Basse-Normandie a également représenté la France à l'occasion de plusieurs évènements culturels comme l'inauguration, en 1994, de l'exposition intitulée « Les étés en Normandie, de Monet à

---

42. Corine Defrance, « Les jumelages franco-allemands. Aspect d'une coopération transnationale », *Vingtième Siècle. Revue d'histoire*, 2008/3, n° 99, p. 189-201.
43. Archives du conseil régional de la Basse-Normandie (Caen), Direction des Affaires européennes et des relations internationales (DAERI), série 736 W, carton 49, dossier « 1993-94-95 », Allocution de Monsieur le président du conseil régional à l'occasion du jumelage, 29 novembre 1993.
44. *Ibid.*, carton 49, dossier « 1993-94-95 », profils d'entreprises norvégiennes, 1993.
45. *Ibid.*, carton 52, dossier « Séminaire Coquille St Jacques », invitation du Hordaland à rejoindre le programme « coquilles St Jacques », 18 décembre 1996.
46. *Ibid.*, carton 49, dossier « 1993-94-95 », article de la *Presse de la Manche*, 28 janvier 1997.
47. *Ibid.*, carton 51, dossier « Hordaland 25-26 novembre 96 », lettre d'Asse Danielsen (chargée d'affaires à l'ambassade de Norvège) à René Garrec, 31 octobre 1996.

La Basse-Normandie et la Norvège : échecs et réussites d'une diplomatie régionale 93

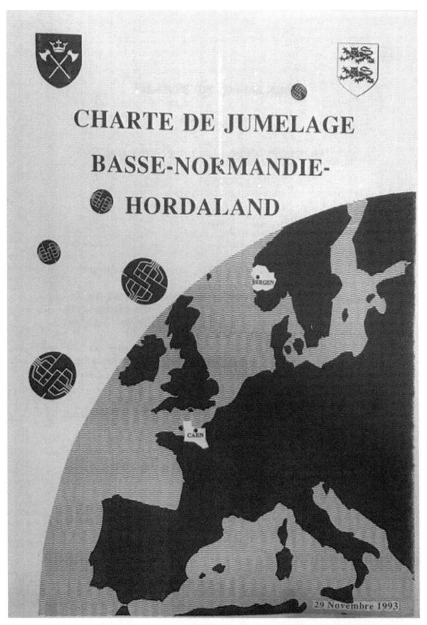

Figure 2. Charte de jumelage entre la Basse Normandie et le Hordaland, 29 novembre 1993.

Archives du conseil régional de la Basse-Normandie (Caen), Direction des Affaires européennes et des relations internationales (DAERI), série 736 W, carton 49, dossier « 1993-94-95 ».

Strindberg et Thaulow », ou, en 1996, le festival de musique de Sandefjord [48].

Néanmoins, les diplomaties étatiques, française et norvégienne, gardent la main sur l'essentiel des relations entre les deux États. En effet, en 1999, Rolf Trolle Andersen, ambassadeur de Norvège en France, refuse de donner satisfaction à la Basse-Normandie qui souhaitait que la princesse Sonja de Norvège vienne rencontrer des représentants de la région à Caen lors de sa visite officielle en France. L'ambassadeur estime que la Normandie est déjà suffisamment en contact avec la Norvège ; la princesse ira plutôt visiter le Sud-Ouest de la France. Le souhait de René Garrec de faire de la Basse-Normandie « le point d'ancrage pour la Norvège en France » est donc souvent subordonné à l'accord préalable des diplomaties nationales, française et norvégienne dont les relations sont complexes.

Le Quai d'Orsay est en effet conscient des avantages que représentent les relations privilégiées entre les deux régions. Lorsqu'entre 2000 et 2006 le jumelage s'essouffle, c'est Chantal Poiret, alors ambassadrice de France en Norvège, qui, en 2005, demande la reprise des échanges car, estime-t-elle, « la coopération décentralisée est un des outils les plus dynamiques de notre action à l'extérieur » et « permet de renforcer des liens et de susciter de nouvelles coopérations, de nouveaux partenariats, de nouveaux investissements » [49]. Mais, en fait, la diplomatie régionale reste largement subordonnée à la diplomatie nationale. Tout d'abord, la région n'a jamais pu se présenter comme un acteur indépendant du gouvernement français, ce qui a pu lui être préjudiciable. Ainsi, en 1996, quelques mois après que Jacques Chirac a décidé de reprendre dans le Pacifique des essais nucléaires français qui provoquèrent un tollé dans le monde entier, le Hordaland devait en effet être l'invité d'honneur de la Foire internationale de Caen. Face aux protestations des gouvernements mais aussi de la société civile, le nombre de tirs prévus est passé de huit à six. Mais cela reste insuffisant pour le Hordaland. Magnar Lussand demande alors à René Garrec de jouer de son influence auprès du gouvernement français pour faire cesser les tirs, ce à quoi le président de la Basse-Normandie, également député du Calvados à l'époque, se refuse car il soutient la politique de la majorité présidentielle [50]. Et, ajoute-t-il, la rencontre prévue en octobre entre les deux régions devra se limiter « à aborder les sujets entrant dans le cadre de notre accord de jumelage, à l'exception de ceux concernant la politique étrangère ou de défense de la France ». Autrement dit : pas question que des affaires concernant la politique

---

48. *Ibid.*, carton 49, dossier « 1993-94-95 », compte rendu des réunions des 3 et 4 mars 1996 adressé au Conseil Régional du Hordaland inclus dans une note à l'attention de monsieur le Président du conseil régional de Basse-Normandie, 16 mars 1996.

49. *Ibid.*, carton 54, dossier « Hordaland 2005 », Lettre de Chantal Poiret, ambassadrice de France en Norvège au Président du conseil régional de Basse-Normandie, 9 mai 2005.

50. *Ibid.*, carton 49, dossier « Réunion annuelle 16 oct 1995 », lettre de Magnar Lussand à René Garrec, 4 août 1995.

étrangère étatique s'immiscent dans les relations inter-régionales. Dès lors, face aux pressions de l'opinion publique et du gouvernement norvégien (qui refuse de se joindre à la réunion annuelle entre le Hordaland et la Basse-Normandie en octobre 1995 [51]), le Hordaland finit par décliner l'invitation à la Foire de Caen [52]. Par la suite, les relations entre les deux régions se sont sérieusement détériorées, alors que deux ans seulement s'étaient écoulés depuis la signature de l'accord de jumelage.

La Basse-Normandie n'a jamais vraiment pu non plus lancer dans des projets de grande ampleur, notamment lorsqu'elle a voulu se substituer à la diplomatie nationale. En effet, durant plusieurs années, la région a essayé d'ouvrir un centre culturel normand en Norvège, en vain. Pourtant, il avait existé un Centre culturel français à Bergen, capitale du Hordaland, qui avait fermé ses portes en 1992 à la suite de restrictions budgétaires [53]. En 1994, le conseil régional de Basse Normandie décide de réouvrir ce centre. Dès le mois de novembre, la région commence à chercher des locaux dans le centre-ville de Bergen tandis qu'un accord de principe est passé entre l'ambassadeur de France en Norvège et René Garrec : l'ambassade se chargera de recruter et de payer le personnel du centre tandis que la région couvrira les frais relatifs aux locaux [54]. Mais, cet accord entre les deux hommes n'engageait pas le Quai d'Orsay. Or, une fois consulté, ce dernier refuse que la Basse-Normandie prenne une telle initiative [55].

Malgré ce refus, la région espère toujours réaliser ce projet. En mars 1995, le directeur des Affaires culturelles du Hordaland informe le conseil régional de Basse-Normandie qu'un emplacement a peut-être été trouvé pour le nouveau « centre culturel normand » [56]. Cette nouvelle dénomination entretient la confusion quant aux objectifs réels de ce centre : s'agit-il de rouvrir le centre culturel français ou de créer un centre normand ? En mai 1996, alors que le projet a été officiellement abandonné, le Hordaland annonce avoir trouvé un emplacement pour le centre. René Garrec s'adresse alors à Hervé de Charrette, alors ministre des Affaires étrangères, mais, pour la deuxième fois, le ministre refuse, en

---

51. *Ibid.*, carton 49, dossier « Réunion annuelle 16 oct 1995 », Lettre de Magnar Lussand à René Garrec, 9 octobre 1995.
52. *Idem.*
53. *Ibid.*, carton 51, dossier « Hordaland 25-26 novembre 96 », lettre du directeur des affaires culturelles du Hordaland (nom illisible) au conseil régional de Basse-Normandie à propos du centre culturel à Bergen, 28 mars 1995.
54. *Ibid.*, carton 49, dossier « Réunion annuelle 16 oct 1995 », rapport sur la réunion du 24 novembre 1994.
55. *Ibid.*, carton 54, dossier « Norvège 10-14 mai 2000 – 28-31 août 2000 », lettre de Philippe Guelluy, ambassadeur de France à Oslo, à René Garrec, 27 février 1995.
56. *Ibid.*, carton 51, dossier « Hordaland 25-26 novembre 96 », lettre du directeur des affaires culturelles du Hordaland (nom illisible) au conseil régional de Basse-Normandie à propos du centre culturel à Bergen, 28 mars 1995.

avril 1997, la réouverture du centre [57]. Cependant le conseil régional ne renonce pas. Fin 1997 dans un bâtiment qui regroupe des centres culturels étrangers à Bergen, une place est gardée pour un centre normand. En 2000, Éric Eydoux, alors président de l'OFNEC, rédige un « projet de création d'une maison de la Normandie à Bergen » [58]. Ce centre fonctionnerait comme un centre culturel français : il présentera « cinq ou six expositions annuelles », conclura un « partenariat avec l'Alliance française » et organisera des « manifestations culturelles hebdomadaires ». Néanmoins, face au refus des autorités françaises, ce centre ne verra jamais le jour.

On touche ici aux limites de l'action diplomatique territoriale. L'accord du Quai d'Orsay reste indispensable pour mener à bien des projets de grande envergure et la promotion de l'image de la France à l'étranger reste la prérogative du ministère des Affaires étrangères : la responsabilité d'un centre culturel français ne peut être transférée de l'ambassade de France à une région française. On peut donc se demander si ce jumelage est un échec ou un succès. Il a permis de développer quelques relations sur le plan économique mais la majorité des projets de grande ampleur qui ont été envisagés ont rapidement été abandonnés faute d'accord du Quai d'Orsay.

CONCLUSION

À travers l'exemple des relations entre la Basse-Normandie et la Norvège, on peut d'appréhender les différentes caractéristiques d'une diplomatie régionale en France. Même s'il est très souvent difficile pour les instances régionales de mettre en place une politique internationale véritable, une diplomatie territoriale est possible, notamment en passant par des chemins détournés, en constituant, par exemple, des associations ou en investissant des domaines parfois délaissés par la diplomatie étatique. Les exemples de la section norvégienne du lycée Alain Chartier ainsi que de l'OFNEC et de ses diverses actions montrent bien les possibilités pour les régions de mettre en place une véritable politique internationale.

Mais cette politique doit souvent se faire contre l'avis de la diplomatie nationale et donc en usant de stratégies pour contourner les difficultés légales. Ainsi la diplomatie régionale la plus efficace reste-t-elle largement informelle et repose-t-elle principalement sur des structures associatives. En effet, comme le montre le jumelage entre la Basse-Normandie et le Hordaland, dès que la diplomatie territoriale cherche à s'officialiser ou à

---

57. *Ibid.*, carton 52, dossier « Festival International mai 97 », lettre d'Hervé de Charette à René Garrec, 10 avril 1997.

58. *Ibid.*, série 736 W, carton 54, dossier « Norvège 10-14 mai 2000 - 28-31 août 2000 », projet de création d'une maison de la Normandie à Bergen rédigé par Éric Eydoux, 25 septembre 2000.

se substituer à la diplomatie classique, ou tout du moins à agir dans des domaines qui lui sont habituellement réservés, celle-ci intervient rapidement pour empêcher l'action régionale. Ainsi, en France, est-il difficile de parler de diplomatie régionale « parallèle » comme on peut le faire pour la diplomatie des États fédérés aux États-Unis ou des *Länder* en Allemagne. Les deux formes de diplomatie évoluent toujours dans le même monde et l'État central garde toujours un œil sur les agissements des instances régionales. Même si le Quai d'Orsay et le ministère des Affaires étrangères norvégien reconnaissent l'expertise de la Basse-Normandie dans certains domaines et se servent parfois de la diplomatie territoriale pour appuyer leurs propres actions, ils ne laissent pas la région normande agir comme une entité diplomatique à part entière. Comme on peut le voir lors des essais nucléaires de 1995, il est également compliqué pour la diplomatie régionale de se présenter comme totalement autonome du pouvoir central. De plus, l'implication régionale et nationale de certains décideurs régionaux rend la tâche encore plus complexe. Ainsi, même si une action régionale au niveau international est possible dans un État centralisé, elle se heurte à des obstacles majeurs. Malgré tout, l'étude des relations entre la Basse-Normandie et la Norvège aura permis de mettre en lumière une action régionale parfois méconnue.

Anna ROUFFIA
Université Paris 1 Panthéon-Sorbonne

La pêche et la construction européenne : l'Espagne, la France et les négociations d'adhésion (1977-1982) *

Dans les derniers mois de 2020, la conclusion de l'accord post-Brexit dépendait fortement de dossiers relatifs à l'accès des navires européens aux eaux britanniques. Qu'une telle question puisse retarder la signature de l'accord de retrait du Royaume-Uni a surpris de nombreux citoyens de l'Union européenne (UE). Car, si le grand public est bien conscient que les questions économiques de grande importance suscitent de grands débats internationaux, le secteur de la pêche ne représentait que 0,1 % du PIB britannique. La vision électoraliste du gouvernement de Londres, le poids symbolique de la pêche et l'intérêt géostratégique du contrôle des mers sont autant de facteurs qui contribuent à expliquer pourquoi le sujet de la pêche avait été repoussé à la fin des négociations [1].

D'autres épisodes similaires, où la question de la pêche influença les décisions de la CEE, marquèrent l'histoire du Marché commun européen, alors que le secteur traversait une crise dans les années 1970, tout comme l'agriculture. La décision du peuple norvégien de ne pas rejoindre la CEE en 1973 tint en grande partie à la volonté du pays de contrôler ses eaux et à sa réticence à devoir partager ses ressources marines avec les autres États membres. Des années plus tard, les problèmes liés à ce secteur ont également été un facteur majeur du retard accusé par les négociations d'adhésion de l'Espagne à la CEE. La pêche et la viticulture étaient les derniers dossiers à régler avant que l'Espagne y soit finalement admise, en 1985, après plusieurs tentatives infructueuses [2].

Cet article traite des relations entre la France et l'Espagne en matière de pêche entre 1977 et 1982. Son objectif principal est de déterminer leur influence sur le projet européen, l'analyse étant centrée sur les discussions entre les deux pays des années 1970 et 1980, une période cruciale

---

* Article traduit de l'anglais par Catherine Nicault.
1. *Nueva Tribuna*, 23 décembre 2020.
2. Fernand Morán, *España en su sitio*, Barcelone, Plaza & Janes, 1999, p. 442-448.

pour la formation des institutions européennes. Cette contribution, qui s'inscrit dans la lignée des Études européennes, porte à la fois sur les difficultés d'articulation entre les intérêts des États membres de la CEE et sur la transition démocratique espagnole, ce qui l'éloigne de la *success story* répandue durant des décennies dans l'Europe d'après-guerre [3]. Les négociations sur la pêche avant l'adhésion de l'Espagne, ainsi que celles portant sur l'agriculture, ont fait de la relation entre Paris et Madrid un élément clé du déblocage de l'accord sur la candidature espagnole à la CEE [4]. Bien qu'elle ait été l'une des principales pierres d'achoppement de l'adhésion, très peu d'études, étonnamment, ont cherché à déterminer dans quelle mesure la question de la pêche constitua un obstacle aux relations franco-espagnoles et à l'adhésion de l'Espagne à la CEE. Cette étude vise à découvrir pourquoi ce différend est devenu l'un des plus graves problèmes bilatéraux, à la fois diplomatique et social, ainsi qu'à déterminer ses causes profondes.

La période couvre largement les progrès de la démocratisation interne en Espagne, du triomphe d'Adolfo Suárez aux élections de 1977 à la victoire électorale du Parti socialiste ouvrier espagnol en 1982, deux étapes historiques qui ont conduit à un changement majeur dans la gestion de la question de la pêche tout en coïncidant avec des évolutions de la situation économique européenne. C'est en 1977 que le premier gouvernement élu depuis la Seconde République espagnole plaça en tête de son agenda l'adhésion de l'Espagne à la CEE et demanda officiellement le lancement des négociations cet été-là. Simultanément, en 1977, la dynamique internationale du secteur de la pêche opère une mutation avec l'adoption de la notion de Zone économique exclusive (ZEE) de 200 milles marins, comme on verra plus loin. La victoire électorale de Felipe González en 1982 a correspondu à l'arrivée d'une nouvelle équipe de dirigeants politiques et diplomatiques chargée de négocier avec la CEE et à l'inauguration d'une nouvelle façon de traiter avec l'Europe. Au même moment, les relations de l'Espagne avec la France changeaient : les deux pays étaient désormais dirigés par des socialistes, François Mitterrand ayant accédé à l'Élysée en 1981 [5]. Notre choix de privilégier les années 1977 à 1982 résulte également de l'espace limité dont nous disposons et de la complexité du sujet. Nous aborderons la période 1982-1986, théâtre de négociations de nature différente, dans un autre article.

---

3. Ben Rosamond, « Methodology in European Studies », *in* Kennet Lynggard, Ian Manners et Karl Löfgren (eds.), *Research Methods in European Union Studies*, Basingstoke, Palgrave Macmillan, 2015, p. 18-36 ; Antonio Moreno Juste, « El relato europeo de España : de la transición española a la gran recesión », *Ayer*, 117, 2020, p. 21-45.
4. Sergio Molina García, *Una llave para Europa. el debate agrario franco-español y la adhesión de España a la CEE, 1975-1982*, Madrid, Ministerio Agricultura, Pesca y Alimentación, 2020.
5. Lorenzo Delgado, « La convergence des gouvernements socialistes de la France et de l'Espagne », *in* Damian Gonzalez, Sergio Molina Garcia et Manuel Ortiz, *L'Adhésion de l'Espagne à la CEE (1977-1986)*. Bruxelles, Peter Lang, 2020, p. 79-106.

Cette étude est fondée sur des sources d'archives conservées aux Archives nationales et aux Archives diplomatiques de France, aux Archives générales de l'administration espagnole et aux Archives universitaires européennes. En outre, nous avons pris en compte les témoignages de plusieurs des principaux acteurs des négociations afin de nous éclairer sur des aspects plus émotionnels et moins bureaucratiques des questions examinées. Tous ces documents ont été analysés à la lumière d'une lecture approfondie de l'historiographie sur le projet européen, l'adhésion de l'Espagne à la CEE et les relations franco-espagnoles.

TENTER L'IMPOSSIBLE : LES PROBLÈMES DÉCOULANT DU DROIT EUROPÉEN

Jusque dans les années 1960, l'Europe était peu intéressée, politiquement, à relever les défis posés par l'industrie de la pêche, tels que la surexploitation des ressources marines ou la faiblesse du contrôle exercé sur les quantités de poissons pêchés. Les traités de Rome n'abordent pas la question, principalement pour éviter un conflit entre les divers intérêts nationaux. En 1970, sont approuvés les premiers règlements concernant l'organisation du marché de la pêche et sa modernisation structurelle [6]. À cette époque, un débat est lancé sur la pêche dans les eaux européennes alors que le Royaume-Uni, l'Irlande, le Danemark et la Norvège mènent des négociations avec la CEE dans le cadre du premier élargissement. L'objectif de la France était d'assurer un libre accès de leurs eaux aux pays membres, tandis que les pays candidats cherchaient à renforcer leurs protections [7]. En décembre 1971, était conclu un accord provisoire prévoyant l'instauration d'une période de transition [8].

À la suite de la troisième Conférence des Nations Unies sur le droit de la mer, en 1976, la CEE approuvait la ZEE, qui entre en vigueur l'année suivante. Cette nouvelle réglementation a donné aux États membres riverains le contrôle des eaux dans un rayon de 12 et 200 milles marins au large de leurs côtes, zone qui n'était l'objet d'aucune restriction jusqu'alors. D'où un nouvel ordre international de la pêche qui a affecté à la fois les relations internes au sein du Marché commun et les accords avec les pays tiers [9]. Dans la CEE, le Royaume-Uni et l'Irlande ont continué de réclamer un élargissement du domaine maritime national afin de céder le moins de compétences possible. La France, qui pêchait dans les

---

6. Michel Leigh, *European integration, and the Common Fisheries Policy*, Londres, Goom Helm, 1983.
7. Christian Lequesne, *L'Europe bleue : à quoi sert une politique communautaire de la pêche ?* Paris, Sciences Après, 2001, p. 365.
8. Alfonso Anaya et José Juste, *La Política agrícola y de pesca en la comunidad europea*, Madrid, Trivium, 1986, p. 88.
9. José García Alonso, « La quiebra del principio de la libertad de los mares y la crisis pesquera mundial », *Investigaciones pesqueras*, 51, 1987, p. 131-159.

eaux britanniques, a maintenu sa position, qui était contraire aux intérêts du Royaume-Uni puisqu'elle prônait un libre accès européen [10].

L'Espagne, en tant que pays ne faisant pas partie de la CEE, a été l'un des États les plus touchés par cette nouvelle mesure, principalement du fait des caractéristiques propres à son secteur de la pêche. L'expansion incontrôlée de celui-ci depuis 1961 avait fait du pays la première puissance européenne de la pêche en termes de population active (Figure 1). On a estimé que l'activité halieutique espagnole équivalait aux deux tiers de celle de la CEE [11]. La plupart de ses opérations de pêche étaient effectuées dans les eaux internationales en raison de la pauvreté des fonds marins espagnols [12]. Les prises les plus importantes étaient réalisées dans les eaux canadiennes, marocaines et surtout européennes, celles de l'*Irish Box-Grande Sole* [13], de la côte britannique et du golfe de Gascogne qui relevait de la France. Avant que la CEE n'adopte la ZEE, les activités de l'Espagne dans ces zones appartenant à des pays européens ne posaient aucun problème du fait de la convention de Londres de 1964 qui avait instauré la liberté de la pêche et de l'accord franco-espagnol de 1967 [14].

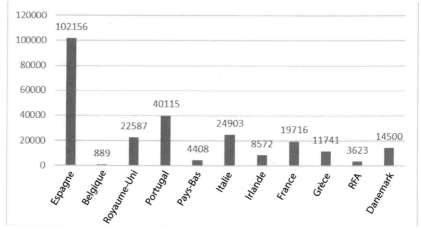

Figure 1 : Travailleurs du secteur de la pêche, 1983.

Source : Encarnación Cordón Lagares et Félix García Ordaz, « El sector pesquero y acuícola en España en los últimos cincuenta años : el ámbito socio-laboral », DELOS, 15, 2012 p. 3.

En 1977, cette nouvelle situation a incité l'Espagne – qui s'engageait dans sa transition démocratique en même temps qu'elle faisait son entrée

---

10. Alfonso Anaya et José Juste, *op. cit.*, p. 84.
11. Fernando González Laxe, *El proceso de crecimiento del sector pesquero español, 1961-1978*, La Corogne, Caja ahorros Galice, 1983.
12. Entretien de l'auteur avec Fernando González Laxe, 20 mai 2020.
13. Il s'agit de zones de pêche se trouvant au large des côtes irlandaises.
14. La convention de Londres et l'accord franco-espagnol permettaient aux pêcheurs espagnols de continuer à pêcher dans la zone européenne des 6-12 milles, pour la raison que les pêcheurs espagnols le faisaient depuis des siècles.

sur la scène internationale – à consacrer du temps et des efforts à la question de la pêche. Au ministère des Affaires étrangères, à Madrid, un nouveau service diplomatique entièrement dédié à la question est chargé de réorganiser le secteur [15]. Dans l'intention d'envoyer une partie de la flotte espagnole, qui pêchait dans les eaux européennes jusque-là, vers des destinations plus lointaines, ce service a d'abord signé des accords bilatéraux avec des pays tiers. Puis il a encouragé la création de *joint-ventures* qui permettaient aux navires d'origine espagnole d'être immatriculés dans les pays européens et de pouvoir ainsi continuer à opérer dans les eaux de ces derniers ; enfin, d'intenses négociations sont entamées avec la CEE pour contrecarrer les intentions de la Communauté qui étaient de réduire de moitié l'activité halieutique de l'Espagne grâce à l'adoption des principes de régressivité (réduction progressive des captures espagnoles dans la CEE) et de réciprocité (recherche d'un équilibre entre la pêche européenne dans les eaux espagnoles, très réduite en raison de la pauvreté de ses fonds marins, et les prises espagnoles dans la CEE) [16]. Tout cela aboutit à l'accord hispano-européen de 1980 par lequel l'Espagne renonçait à ses droits historiques de 1964 et de 1967 contre un certain nombre de licences et de quotas de pêche accordés par la CEE pour le merlu, l'espèce la plus concernée [17].

Comme le montre le tableau ci-dessous, les concessions de pêche accordées par la CEE à l'Espagne ont diminué au cours de la période considérée, ce qui fut source de graves problèmes intérieurs. Les pêcheurs ont pris en effet leurs distances avec le discours gouvernemental qui attribuait à la CEE le mérite de la modernisation et des progrès récents de l'Espagne ; pour eux, moins de concessions de pêche signifiaient la fin de l'activité qu'ils pratiquaient depuis plus de deux décennies, si bien qu'ils se sont trouvés en porte-à-faux tant avec le gouvernement espagnol qu'avec les autorités européennes. En 1977, alors que le gouvernement tentait de faire passer la CEE pour la panacée aux problèmes nationaux, les pêcheurs du Pays basque manifestèrent contre le fait que « le Marché commun v[oulait] faire mettre la clé sous la porte à la flotte de pêche » et avertirent qu'ils entendaient « ne pas [se conformer] aux règles édictées par la CEE » [18]. Au cours d'une autre manifestation de protestation, quelques années plus tard, les armateurs affirmèrent que le secteur était en train de sombrer « en raison de l'intransigeance des autorités européennes et de l'absence de gouvernance de la part de l'administration

---

15. Jaime Lamo de Espinosa, *La transición agraria, 1976-1982*, Madrid, Ministerio Agricultura, Pesca y Alimentación, 2020 ; Raymond Bassols, *España en Europa. Historia de la adhesión a la CE, 1957-1985*, Madrid, Política Exterior, 1995.
16. José A. Pastor Ridruejo, « Relaciones pesqueras entre España y la CEE : la combatividad del régimen comunitario interino con los acuerdos particulares entre España y Francia », *Revista de instituciones europeas*, 2, 1982, p. 493-507.
17. Enrique López e Veiga et al., *El proceso de adhesión de España a la Comunidad europea de la pesca*, Vigo, Caja Ahorros Vigo, 1988.
18. *La Vanguardia*, 14 avril 1977.

espagnole »[19]. Outre ces démonstrations, les pêcheurs basques, s'estimant victimes d'incompréhension de la part de leurs institutions politiques, décidèrent d'agir comme ils l'entendaient. D'une part, ils ont continué à pêcher dans les eaux françaises sans licence, ce qui a entraîné de graves tensions avec les autorités françaises sur lesquelles nous reviendrons bientôt. Les pêcheurs ne considéraient pas ces actions comme illégales, mais plutôt comme la poursuite d'une tradition séculaire. « Nous voulons seulement travailler comme nos ancêtres nous l'ont appris », a expliqué un groupe d'entre eux[20].

Mais ce choc entre modernité et tradition a provoqué, comme on le verra plus loin, un grave conflit diplomatique au motif que la législation n'était pas respectée au moment même où l'Espagne s'efforçait d'améliorer ses relations avec la CEE pour obtenir son adhésion. Entre janvier et août 1979 par exemple, 306 navires sans licence furent saisis dans les eaux françaises, ce qui a incité les autorités européennes à dresser une liste noire des navires espagnols en 1980[21]. En 1981, un incident entre un patrouilleur français et un navire espagnol, le *Patiuka*, arraisonné plus d'une douzaine de fois sans permis, a aggravé la tension[22]. Une fois le quota maximum atteint et ne pouvant donc plus débarquer leurs prises, les pêcheurs étaient allés à Irún, à la frontière française, boycotter les camions transportant du poisson français[23]. « Beaucoup de poissons traversent la frontière et les gens deviennent nerveux », observait le sous-secrétaire à la Pêche, Miguel de Aldasoro[24].

En raison de ces difficultés, le gouvernement espagnol s'est trouvé à la croisée des chemins, obligé d'une part de moderniser et de restructurer le secteur conformément aux exigences européennes, et confronté d'autre part à la tâche de réduire les tensions au Pays basque et avec la France[25]. Nous verrons dans la partie suivante que, pour un certain nombre de raisons, le conflit diplomatique et social relatif à la pêche a eu un impact plus marqué sur la France, dans les eaux de laquelle la flotte basque était active, que sur d'autres États membres. Des pêcheurs de Galice et de Cantabrie se sont tournés, par exemple, vers les eaux côtières britanniques. Malgré la soumission, dans ce cas également, de la flotte galicienne à de sévères restrictions, un conflit de même ampleur ne s'en est pas suivi. Contrairement au Pays basque, il n'y a pas eu de boycott des

---

19. *Deia*, 7 novembre 1981.
20. *El País*, 12 novembre 1977.
21. Archives nationales de France, Pierrefitte-sur-Seine (ci-après : AN), 19840625/1, Fax du ministre des Affaires étrangères à l'ambassadeur de France, 14 septembre 1979 ; *El País*, 13 juin 1980.
22. *Libération*, 25 août 1981.
23. Archives générales de l'administration espagnole (ci-après : AGA), référence 63/45-70 leg. 12562, « Prenden fuego a 30 kg de angulas » (Ils ont mis le feu à 30 kg d'anguilles), 28 décembre 1977.
24. *Deia*, 7 novembre 1981.
25. Juan Prat y Coll, *De Cataluña a Cataluña. Sorprendentes e inesperados destinos*, Madrid, La Valija Diplomática, 2019 ; Fernando González Laxe, « La aplicación en España de la política de pesca comunitaria », Documentación administrativa, 1984, p. 515-557.

importations étrangères, ni de problèmes internes aussi graves que le terrorisme de l'ETA, ni d'épisodes de violence comme celui suscité par le *Patiuka* en 1981.

Tous ces changements survinrent alors que l'administration espagnole subissait un processus de restructuration interne qui touchait également la pêche : la compétence concernant cette activité est passée en 1980 du ministère des Transports et de la Communication au ministère de l'Agriculture, de la Pêche et de l'Alimentation [26].

	TAC de merlu (tm)	Licences (nombre de navires)
1977	14.600	266
1978	13.848	240
1979	15.500	240
1980	11.870	168
1981	10.500	142
1982	8.500	114

Tableau 1. Évolution des quotas de capture CEE (TAC) et des licences pour la flotte espagnole
Source : Maite Tolosa Bernández, « La pesca en el País Vasco. Un sector económico en graves dificultades », *Cuadernos de Sección* 5, 1984, p. 274.

Comme le souligne Vanessa Núñez, les négociations d'adhésion de l'Espagne à la CEE, comme les relations franco-espagnoles, doivent être replacées dans le contexte de l'époque pour être comprises [27]. Ces négociations eurent lieu en plein processus complexe de démocratisation de l'Espagne et d'un programme de construction européenne sans feuille de route. L'adhésion du Royaume-Uni et de l'Irlande à la CEE en 1973 et l'adoption de la limite de 200 milles marins ont changé la façon dont le secteur de la pêche était perçu en Europe.

Avant l'adhésion de ces deux pays, les pays membres n'avaient pu parvenir à un accord sur une autre politique commune, celle de l'agriculture, et la situation s'était encore compliquée après le premier élargissement. L'adhésion du Royaume-Uni et de l'Irlande à la CEE a davantage politisé les questions relatives à la pêche, car ces deux pays ont voulu protéger leur littoral contre certains de leurs partenaires de la CEE, comme la France, et contre des pays tiers, comme l'Espagne [28]. L'escalade des tensions a provoqué des frictions entre les États membres. Il ne faut pas oublier que la politique de la pêche, contrairement à la Politique agricole commune

---

26. Jaime Lamo de Espinosa, *op. cit.*, p. 209.
27. Vanessa Núñez Peñas, « Reforma, ampliación y transición : las negociaciones España-CEE entre 1976-1986 », *Ayer*, 117, 2020, p. 129-155.
28. Christian Lequesne, *op. cit.*

(PAC), entendait légiférer sur l'accès des autres membres aux eaux européennes, autrement dit hors des domaines terrestres nationaux, ce qui compliquait encore les négociations [29]. Le secrétaire d'État allemand à l'Agriculture, lors d'une discussion avec des représentants français sur la pêche, a critiqué « les Britanniques intransigeants et les Irlandais hésitants » [30]. Le ministre britannique de l'Agriculture, John Silkin, a constamment bloqué les politiques européennes à la fin des années 1970, car celles-ci n'étaient pas conformes aux intérêts de son pays [31].

C'est en 1983 seulement que les États membres mirent en œuvre la politique européenne de la pêche, et son adoption découla principalement de cet objectif commun : structurer le secteur avant l'adhésion de l'Espagne qui abritait la plus grande flotte en Europe. Les divergences sur le problème de la pêche entre les perspectives nationales donnèrent en effet aux diplomates espagnols la possibilité de chercher des solutions à la faveur de pourparlers bilatéraux. Dans une réunion à neuf contre un, l'Espagne avait peu de chances en effet d'atteindre ses objectifs [32]. Compte tenu de cette situation, l'Espagne s'est rapprochée des pays impliqués avec lesquels elle entretenait de bonnes relations, et dont, en théorie, elle espérait obtenir des concessions. Comme on le verra, c'est avec la France qu'eurent lieu les négociations les plus importantes, en raison de problèmes survenus dans le golfe de Gascogne.

FRANCE-ESPAGNE : UN DÉBAT ENTRE L'ESPAGNE ET L'EUROPE

L'un des effets de la nationalisation des mers fut que les affrontements, occasionnels entre la France et l'Espagne dans les années 1960, devinrent monnaie courante [33]. Toute une série de raisons, souvent liées à l'adhésion de l'Espagne à la CEE, expliquent que la question de la pêche soit devenue un problème franco-espagnol spécifique. Tout d'abord, une partie importante du poisson débarqué par la flotte basque, basée principalement dans les ports d'Ondarroa et de Pasajes, était pêchée dans la partie française du golfe de Gascogne [34]. Cette région de pêche, qui fait partie de la zone VIII, a fourni, comme le montre le tableau ci-dessous, les plus vastes prises de toutes les zones d'Europe où intervenaient les navires espagnols.

---

29. Louis Le Pensec, *Ministre à bâbord*, Rennes, Éditions Ouest-France, 1997, p. 146.
30. AN, AG/5(3)/1803, Conversation avec le secrétaire d'État à l'agriculture, 8 août 1977.
31. *Le Monde*, 1ᵉʳ février 1978.
32. Archives du ministère français des Affaires étrangères, La Courneuve (ci-après : AMAE-La Courneuve) 1929INVA/4374, L'Espagne et les problèmes de la pêche, 9 novembre 1976.
33. Ernesto López Losa, « La pesca en el País Vasco. Una visión a largo plazo (siglos XIX y XX) », *Itsas*, 3, 2000, p. 26.
34. José Ignacio Salterain, « Problemática específica de la región marítima vasca », *Información Comercial Española*, 546, 1979, p. 56-57.

Zone VIII	36
Zone VII	76
Zone VI	21

Tableau 2. Captures moyennes 1973-1976 (1000 MT).
Source : Archives universitaires européennes, BAC 147/1991, CEE, Négociation d'adhésion de l'Espagne, 23 juillet 1980.

Dans la flotte de pêche espagnole les petits navires artisanaux côtiers et océaniques dédiés au merlu et à l'anchois dominaient[35]. Comme le montre le Tableau 1, le merlu était l'espèce la plus touchée par le système de quotas et, en même temps, la plus importante pour les pêcheurs espagnols en raison de la forte demande nationale. Or, la plus grande quantité de merlu était précisément capturée dans le golfe de Gascogne. En 1977, par exemple, 137 des 255 permis de capture pour cette espèce furent délivrés pour cette seule région, le reste du territoire national en recevant 118[36]. Par ailleurs, l'Espagne importait beaucoup de poissons de la CEE, en particulier depuis la France en raison de son importante production et de sa proximité géographique. L'Espagne était l'un des principaux consommateurs de fruits de mer en Europe, mais ses prises ne pouvaient pas satisfaire la demande. Par conséquent, les importations espagnoles de produits halieutiques européens ont augmenté régulièrement au cours de la période considérée. En 1976, elles s'élevaient à 4 000 MT ; en 1980, elles étaient passées à 16 000 MT[37]. Les produits de la mer représentaient 40 % des exportations agroalimentaires de la France en direction de son voisin ibérique[38].

Une partie importante de ces produits, venant de France, passait la frontière espagnole à Irún plutôt qu'à Figueras, le poisson étant pêché sur la côte atlantique française et non sur la côte méditerranéenne. Le fait que le Pays basque, la région d'Espagne la plus touchée par les restrictions de pêche, était également la principale voie de transit pour les importations de poisson allait conduire, comme nous l'avons déjà mentionné, à des conflits sociaux. Cette situation n'aurait pas pu se produire dans le cas, par exemple, des pêcheurs galiciens et des importations britanniques, car le Royaume-Uni et l'Espagne ne partageaient pas de frontière terrestre. En outre, la proximité des zones de pêche françaises faisait que la flotte basque les atteignait plus facilement et avec des unités plus petites, augmentant ainsi les chances de ses bateaux d'être arrêtés pour pêche

---

35. Serge Laborde, *Les Pêches maritimes basques entre déclin et recompositions*, Thèse, Université de Nantes, 2007, p. 37 et 47.
36. Maite Tolosa Bernández, « La pesca en el País Vasco. Un sector económico en graves dificultades », *Cuadernos de Sección*, 5, 1984, p. 274.
37. AMAE-La Courneuve, 1930INVA/5152, Pêches maritimes, relations hispano-communautaires dans le domaine de la pêche, 24 novembre 1981.
38. Centre des archives diplomatiques de Nantes (ci-après : CADN), 25POI/2/373, « Relations de pêche avec l'Espagne », 4 décembre 1981.

illégale. Comme le souligne Henri Boisson, tout cela a contribué à une coexistence difficile dans cette zone de pêche [39].

Enfin, les relations franco-espagnoles étaient rendues très compliquées à l'époque par l'absence de coopération entre les deux pays pour lutter contre le terrorisme de l'ETA, l'absence d'entente entre Valéry Giscard d'Estaing et Adolfo Suárez et, surtout, l'usage politique fait de la question de la concurrence agricole espagnole [40]. Les adversaires de l'adhésion de l'Espagne à la CEE insistaient sur le fait que cette adhésion signifierait la ruine de la production agricole méditerranéenne de la France. Ce discours s'était répandu dans tout le sud du pays et, comme on le verra, avait également affecté l'industrie de la pêche. Il était fondé sur le pourcentage élevé de la population active espagnole travaillant dans ce secteur (Figure 1). Comme cela fut clairement indiqué lors d'une rencontre entre Marcelino Oreja et Emmanuel de Margerie, l'ambassadeur de France à Madrid, la pêche devenait un problème dans les relations entre les deux pays [41].

Ce qui compliqua encore les choses, c'est que l'adoption de la ZEE et par conséquent la nécessité de restructurer le secteur de la pêche ont coïncidé avec la demande d'adhésion de l'Espagne à la CEE. Non seulement Madrid devait reconstruire son secteur de la pêche pour pouvoir prétendre aux licences et aux quotas octroyés par la CEE, mais elle devait procéder à d'autres ajustements pour répondre aux exigences communautaires, notamment à celles du Royaume-Uni, de l'Irlande et de la France, si elle souhaitait être acceptée comme État membre [42]. L'administration d'Adolfo Suarez a tenté de se tourner vers la France, comme elle l'avait fait lors des négociations agricoles, pour obtenir une augmentation du nombre de licences et de quotas consentis aux navires cantabriques. L'objectif était de convaincre l'Élysée que la question pouvait être résolue entre Madrid et Paris, sans saisir la CEE. Les autorités espagnoles ont donc tenté cette approche : accentuer la pression sur la France, éviter de négocier avec les neuf partenaires de l'UE, et convaincre les autorités françaises qu'il s'agissait d'une question politique plutôt que technique. En d'autres termes, interdire à la flotte basque de pêcher dans le golfe de Gascogne n'avait rien à voir, selon elles, avec la protection des ressources marines ; la décision était donc de nature purement politique [43]. Néan-

---

39. Henri Boisson, « Évolution des relations franco-espagnoles dans le secteur des pêches maritimes », *Pour*, n° 149-150,1996, p. 149-150, p. 121-123.
40. Matthieu Trouvé, *L'Espagne et l'Europe. De la dictature à l'Union européenne*, Bruxelles, Peter Lang, 2008 ; Pablo Martin-Pañeda, *Que dire à l'Espagne ? De l'isolement franquiste à la démocratie européiste, la France au défi, 1957-1979*, Bruxelles, Peter Lang, 2015 ; Sergio Molina García, *Una llave para Europa...*, op. cit.
41. AN, 19840625/1, Incidents possibles en matière de pêche entre Français et Espagnols, 13 février 1979.
42. Gwenaële Proutière-Maulion, *La politique communautaire de réduction de l'effort de pêche*, Paris, L'Harmattan, 1998.
43. AMAE-La Courneuve, 1929INVA/4374, Pêche-Espagne, 13 janvier 1978 ; *ibid.*, 1930INVA/5176, La politique extérieure de l'Espagne, 1982, 27 avril 1982.

moins, l'argument se heurtait aux intérêts des Français qui, de leur côté, n'avaient pas obtenu l'autorisation de pêcher librement dans les eaux britanniques et dont les bateaux, de ce fait, étaient désormais confinés dans leurs propres eaux.

Les diplomates espagnols ont donc préparé des documents qui furent présentés à plusieurs reprises dans les réunions bilatérales avec la France. Ces diplomates ont d'abord tenté de présenter la question de la pêche comme un élément crucial pour la stabilité politique en Espagne. Ils soulignaient d'une part que la question touchait le Pays basque, la région la plus problématique du pays en raison de l'existence de l'ETA, et insistaient d'autre part sur le fait que la situation régionale « dramatique » affecterait la démocratisation du pays[44]. Il faut rappeler qu'en même temps que l'Espagne négociait son entrée dans la CEE, elle devait faire face non seulement au terrorisme politique, mais aussi à un coup d'État[45]. Mais selon la France, cet argument n'était qu'une excuse pour obtenir des concessions de la CEE. Entre-temps, les responsables espagnols des négociations avec la France et la CEE ont cherché à justifier, par les problèmes causés à la région et au secteur par la crise pétrolière ainsi que par la concurrence accrue résultant de l'ouverture de l'Espagne aux marchés internationaux, la nécessité pour la flotte basque non seulement de continuer à pêcher dans le golfe de Gascogne, mais aussi de recevoir une aide financière. Rappelons de plus que les communautés de pêcheurs ne disposent souvent d'aucunes autres opportunités d'emploi[46].

La stabilité interne de l'Espagne était si étroitement liée à des concessions dans le secteur de la pêche que, lors des négociations avec la CEE, ses représentants demandèrent à la France de minimiser la question au moment des élections espagnoles afin d'éviter des troubles sociaux dans les régions concernées. Lors des élections de 1977, Raimundo Bassols pria l'ambassadeur Luc de La Barre de Nanteil de « fermer les yeux » sur le travail illégal de pêcheurs œuvrant sans permis dans les eaux françaises jusqu'à la fin de la campagne électorale[47]. Le gouvernement de l'Union du centre démocratique (UCD) réitéra cette requête à l'occasion du référendum constitutionnel de 1978, puis des élections de 1979[48]. Le mécontentement de ce secteur aurait pu risquer de se faire sentir dans les urnes.

Hormis en période électorale, la question de la pêche prévalut tout au long de la période considérée, son intensité variant selon deux facteurs. D'abord, depuis 1979, des pourparlers sur l'établissement des licences et

---

44. AN, 19840626/1, Cavaille a rencontré Barreda à Toulouse le 16 décembre, 26 décembre 1977 ; *ibid.*, Relations de pêche avec l'Espagne, 25 janvier 1980.
45. Xavier Casals, *El voto ignorado de las armas*, Barcelone, Pasado & Presente, 2017.
46. Christian Lequesne, *op. cit.*, p. 271.
47. AN, 19840625/1, Relations de la CEE avec l'Espagne en matière de pêche, 26 mai 1977.
48. *Ibid.*, Espagne et CEE : problèmes de la pêche, 21 novembre 1978 ; *La Vanguardia*, 9 mars 1979.

des quotas avaient lieu entre décembre et mars, la tension montant toujours au cours de ces mois. L'ouverture officielle des négociations d'adhésion de l'Espagne à la CEE en février 1979 jeta également de l'huile sur le feu. Ensuite, la cellule diplomatique chargée de ces affaires, qui comprenait Raimundo Bassols, Víctor Moro, Miguel Aldasoro et Ramón de Miguel, ainsi que l'ambassadeur d'Espagne à Paris, Emilio Solano, tentèrent de justifier les incursions de navires basques dans les eaux françaises en invoquant les accords historiques de 1964 et 1967 qui avaient autorisé la pêche espagnole dans cette zone. Lors d'une réunion entre les délégations des pêches française et espagnole en 1977, les décideurs espagnols firent valoir que la ZEE n'annulait pas les accords passés et que l'Espagne pouvait donc continuer à pêcher dans les eaux en question[49]. Les pêcheurs espagnols dont les activités n'étaient pas autorisées et qui furent arrêtés par des patrouilles françaises utilisèrent cet argument à plusieurs reprises[50]. L'immobilisation de leurs navires, conjuguée à l'absence avant 1980 de toute réglementation mettant fin aux accords antérieurs, conféra une dimension judiciaire à la question bilatérale de la pêche. Entre 1977 et 1979, le tribunal de Bayonne statua en faveur des pêcheurs espagnols arraisonnés dans un rayon de 10 et 12 milles nautiques des côtes françaises, ce qui fournit aux pêcheurs des arguments supplémentaires pour poursuivre leurs activités non autorisées, intensifiant ainsi les différends bilatéraux[51]. À côté de ces décisions de justice favorables à l'Espagne, d'autres émanant de la cour d'appel de Pau à propos de la pêche dans la zone de 12 à 200 milles tranchèrent en faveur de la France. Ces décisions judiciaires n'ont pas été retenues par les autorités espagnoles[52]. La signature du traité de pêche de 1980 entre l'Espagne et la CEE ayant rendu caducs les accords de 1964 et 1967, les pêcheurs espagnols ne purent plus justifier ainsi la poursuite de leurs activités dans les eaux françaises. L'introduction dans le conflit de cette composante judiciaire du fait des différences d'interprétation de la loi constitua un élément nouveau dans les négociations entre l'Espagne et la France, et l'Espagne et la CEE, pour l'adhésion de l'Espagne à la CEE.

Enfin, le gouvernement espagnol a invoqué des déclarations de pêcheurs français de Saint-Jean-de-Luz, un port frontalier, pour démontrer à l'Élysée que la pêche était un enjeu politique pour Paris. Les pêcheurs de cette région, soutint Raimundo Bassols à l'ambassadeur de France à Madrid, étaient prêts à autoriser les Espagnols à pêcher dans

---

49. Pour la délégation espagnole : M. F. Bragado, M. G. Ferrán et M. F. Elorza. Et pour la délégation française : M. Brossier et M. H. Froment-Meurice. AN, 19840625/1, « Rendez-vous Pêche maritime », 23 juillet 1977.

50. AMAE-La Courneuve, 1930INVA/5167, « La encerrona convocada en la asamblea 21 diciembre 1981 denunciamos ».

51. *La Vanguardia*, 3 décembre 1977 ; 13 octobre 1979 ; AN, 19840625/1, Visite de l'ambassadeur d'Espagne au secrétaire d'état : problème de la pêche, 13 janvier 1978.

52. AN, 19840625/1, Pêche pratiquée par les chalutiers espagnols dans les eaux territoriales françaises au large de Bayonne, 15 avril 1980.

leurs eaux, mais sous certaines conditions [53]. En dépit de ces déclarations, ces mêmes pêcheurs furent à plusieurs reprises en désaccord avec les thèses espagnoles sans compter qu'ils furent aussi influencés par la politisation de la question de l'adhésion de l'Espagne à la CEE à l'Assemblée nationale sous la pression du lobby agricole [54]. Les dirigeants communistes à Saint-Jean-de-Luz affirmaient, dans la lignée des idées défendues par le PCF, que « l'entrée de l'Espagne dans la Communauté économique européenne serait dramatique pour le port de Saint-Jean-de-Luz », mais leurs arguments étaient moins chiffrés qu'émotionnels [55].

Dans ses négociations avec la France et la CEE, la diplomatie espagnole a usé de deux autres leviers pour obtenir de meilleurs permis de pêche et Totaux annuels de captures autorisés (TAC) ainsi que de conditions plus favorables pour ce secteur après son adhésion. Manquant d'arguments cohérents, le gouvernement espagnol utilisa d'abord ses importations de poisson européen comme monnaie d'échange pour obtenir de la CEE de nouvelles concessions de pêche. Chaque année, en décembre et janvier, lors du lancement des pourparlers pour le renouvellement des accords existants et pendant les vacances de Noël où, traditionnellement, les achats français de fruits de mer augmentaient, le gouvernement espagnol réduisit les importations de ces produits [56]. En 1977, le ministère du Commerce tenta de cacher la manœuvre en prétextant que la crise économique empêchait les Espagnols de consommer des produits de luxe comme les civelles françaises, avant de renoncer les années suivantes à dissimuler les véritables raisons d'interdire l'entrée de poissons français [57]. Dans une conversation avec Olav Gundelach, le commissaire chargé de l'agriculture et de la pêche, Jaime Lamo de Espinosa déclara : « Si vous nous retirez nos licences de pêche, nous vous retirerons vos licences d'importation de poisson, qui ont également dépassé les limites acceptables [58] ». Mais cette attitude suscita, à son tour, un conflit interne. L'Association des importateurs de produits de la mer (ALIMAR) estima que la manœuvre du gouvernement avait une influence négative sur les prix à la consommation ainsi que sur la perception de l'Espagne dans la CEE [59]. « Globaliser » les négociations et traiter toutes les questions concernant l'Espagne et la France avec la CEE dans son ensemble

---

53. AN, 19840625/1, Bochet, « pêche maritime », 13 février 1979 ; entretien de l'auteur avec Jésus Ferreiro, 6 juin 2020.
54. Sergio Molina García, « La adhesión de España a la CEE: un problema para la política francesa y para las relaciones franco-españolas, 1976-1986 », in José A. Castellanos (dir.), *Las crisis en la España del siglo XX: Agentes, estructuras y conflictos en los procesos de cambio*, Madrid, Silex, p. 357-378.
55. *Sud-Ouest*, 30 juin 1980.
56. *La Voz de Galicia*, 25 juillet 1982 ; AN, 19840625/1, Problèmes de la pêche en Espagne, 17 mars 1978.
57. AN, 19840625/1, Problèmes pêche : importations de produits de la mer en provenance de France, 18 novembre 1977.
58. *La Vanguardia*, 5 décembre 1980.
59. AMAE-La Courneuve, 1930INVA/5152, Relation pêche avec l'Espagne, 1er décembre 1981.

plutôt que bilatéralement, comme l'avait proposé la France, fut la seconde tactique tentée par les autorités espagnoles pour faire pression sur Paris. Le Palais de la Moncloa bloqua plusieurs accords commerciaux entre les deux pays, provoquant un impact économique majeur en France. Le cas le plus significatif est celui du chasseur à réaction *Mirage*. En 1978, le roi Juan Carlos reconnut devant l'ambassadeur de France que le retard pris dans la signature de l'accord pour l'achat de cet avion avait pour origine les conflits dans l'industrie de la pêche [60].

Bien qu'ils se soient donné beaucoup de mal pour protéger les droits de pêche nationaux, les diplomates espagnols étaient conscients que leurs arguments étaient impuissants à obtenir un accord favorable à leurs pêcheries. On ne négociait pas en effet sur une base gagnant-gagnant, car l'Espagne n'avait pas grand-chose à offrir à la CEE. Le potentiel de la flotte espagnole se heurtait aux nouvelles réglementations européennes, à la nécessité de protéger les ressources marines et à la pauvreté des eaux espagnoles, raison principale pour laquelle l'Espagne avait dû recourir aux eaux du Cap Breton et de l'Irish Box. Le directeur général de la pêche, González Vázquez, déclara en 1978 qu'il n'existait pas de « solution définitive » au problème de la pêche, et encore moins de solution favorable à l'Espagne [61]. Dans cette optique, Raimundo Bassol, après la signature de l'accord de 1980, fit ce commentaire : « Cet accord n'est pas satisfaisant, mais c'est le seul possible [62] ». Deux ans plus tard, le ministre de l'Agriculture, José Luis Álvarez, affirma qu'il ne pouvait être « pleinement satisfait » des négociations, mais que la situation s'était néanmoins améliorée [63].

En conséquence, et malgré les actions menées par les pêcheurs basques, l'Espagne s'est engagée dans la restructuration du secteur et a conclu des accords annuels avec la CEE, lui permettant de progresser dans les négociations d'adhésion, non sans un certain retard et, comme nous l'avons vu, non sans différends avec l'Élysée et ses propres pêcheurs. La pêche et l'agriculture ont été les deux problèmes les plus longs à régler, et les derniers sur lesquelles on est parvenu à une Entente Cordiale, en raison pour une bonne part des points évoqués dans cet article. En 1980, par exemple, on discuta à Bruxelles de concessions à l'Espagne en matière de pêche côtière en raison des conditions imposées par la France à la flotte basque [64].

En revanche, les négociations ont dû tenir compte d'arguments français qui, comme on le verra, contredisaient les interprétations espagnoles. En premier lieu, la diplomatie française estimait que la question de la pêche devait se régler entre la CEE et l'Espagne et non dans des réunions bilatérales. En 1977, au cours d'une réunion réunissant les deux déléga-

---

60. *Ibid.*, 1929INVA/4392, Entretien avec le roi d'Espagne, 17 avril 1978.
61. *La Vanguardia*, 27 août 1978.
62. *Ibid.*, 5 février 1980.
63. *5 Dias*, 29 janvier 1982 ; entretien de l'auteur avec Juan Prat y Coll, 25 août 2020.
64. *El País*, 5 février 1980.

tions, les Français précisèrent que de telles discussions ne pourraient résoudre les problèmes de la pêche car ceux-ci devaient être traités en Conseil des ministres de la CEE [65]. C'était une tentative pour se libérer de la pression exercée par l'Espagne. Pendant toute la période considérée, la France a tenu bon ; même après la création de leur ministère de la Mer en 1981, les Français ont continué à estimer que la pêche était une question communautaire plutôt que bilatérale, malgré l'insistance de l'Espagne à soutenir le contraire [66].

Cependant, avec d'autres pays, la France accepta de traiter bilatéralement de questions similaires. Comme le ministre français de la Pêche, Louis Le Pensec, l'a reconnu, les conflits sur la pêche entre la France et le Royaume-Uni au début des années 1980 furent résolus par des réunions entre les deux pays [67]. En outre, il ne faut pas oublier que le Royaume-Uni et l'Irlande étaient eux aussi réticents à accepter les conditions de pêche espagnoles, quoique pour des raisons différentes. Comme pour l'agriculture, l'Espagne chercha à en faire une question politique bilatérale, tandis que Valéry Giscard d'Estaing et François Mitterrand s'accrochaient à l'idée qu'il convenait d'abord de réformer la réglementation communautaire avant d'accueillir l'Espagne dans une CEE plus solide.

Pour bien comprendre les difficultés qui entouraient l'adhésion de l'Espagne, il faut savoir que les négociations se déroulaient à une époque où non seulement la CEE était en pleine mutation et tentait de remédier à ses faiblesses internes, mais que la Communauté était également en train de négocier un deuxième élargissement, après des adhésions de 1973 dont certains aspects n'avaient pas été totalement positifs [68]. La France ne faisait pas seulement valoir que la pêche était un problème communautaire plutôt qu'un problème bilatéral, ainsi qu'un problème technique plutôt que politique. Elle tentait également de faire comprendre aux diplomates espagnols que la démocratisation n'était pas la clé de l'adhésion à la CEE, mais un simple premier pas. À l'époque, la restructuration de la pêche espagnole était au cœur des négociations [69]. Les diplomates français affirmaient en second lieu que le secteur de la pêche était en crise dans leur pays en raison de la hausse des prix du pétrole, de la diminution du nombre de zones de pêche disponibles, de la ZEE et du manque de subventions européennes [70]. Il était de leur devoir, selon eux, de protéger leurs travailleurs de la pêche et de ne pas ouvrir leurs eaux à un pays qui

---

65. AN, 19840625/1, « Rendez-vous Pêche maritime », 23 juillet 1977.
66. AMAE-La Courneuve, 1930INVA/5176, Note relative aux relations avec l'Espagne, pêches maritimes, 14 juin 1982.
67. Louis Le Pensec, *op. cit.*, p. 148-149.
68. Vanessa Núñez Peñas, *op. cit.*, p. 129-155.
69. BOE, n° 268, 9 novembre 1981.
70. AN, 198800002/21, « Rapport gouvernement : la pêche maritime française », mai 1981 ; AN, 19840625/1, Cavaille a rencontré Barreda à Toulouse le 16 décembre et le 26 décembre 1977 ; Jean-Pierre Corlay, « Le conflit des pêches françaises en 1980 : essai de socio-géographie halieutique », *Norois*, n° 121, 1984, p. 155-169.

n'était pas membre de la CEE. Après tout, le Royaume-Uni ne le permettait pas non plus, et la Norvège avait également limité la présence des flottes de la CEE dans ses eaux territoriales.

Enfin, l'objectif des gouvernements français successifs était d'éviter toute connexion entre la question de la pêche espagnole – et les négociations de pêche entre la CEE et l'Espagne – et leur position nationale. Dans cette optique, les Français essayèrent de trouver des soutiens dans la CEE pour les aider à démontrer que leur pays n'était pas le seul à accepter avec réticence une telle quantité de navires de pêche espagnols. Ils savaient qu'ils étaient tenus pour responsables du déroulement des négociations sur l'agriculture et ils ne voulaient pas assumer également la responsabilité de retards dans la conclusion de l'accord de pêche. En conséquence, ils se sont entretenus avec plusieurs dirigeants européens afin de connaître leurs opinions respectives sur la question. Lors de l'une de ces réunions, le secrétaire à l'Agriculture ouest-allemand s'est déclaré d'accord avec la position des Français parce que certaines de leurs circonscriptions électorales abritaient un nombre important de pêcheurs qu'ils ne voulaient pas se mettre à dos [71].

Ces déclarations, contrairement à celles de la France, donnaient une dimension politique à la question. Elles contrastaient avec la position de l'Allemagne de l'Ouest en matière agricole : sur ce point, les Allemands, intéressés par les fruits et légumes de la péninsule ibérique, soutenaient l'Espagne. Le Royaume-Uni et l'Irlande, bien qu'en désaccord avec la France au sujet de l'adoption de la Politique européenne commune de la pêche (PCP), l'« Europe bleue », étaient également d'avis de limiter la pêche espagnole, avec plus d'insistance encore que la France [72]. Le gouvernement français désapprouvait les actions espagnoles qu'il évoquait dans les pourparlers bilatéraux. Tandis que les autorités françaises s'efforçaient de minimiser les problèmes rencontrés par les camions transportant des fruits et légumes espagnols vers le Midi français, la Moncloa ne faisait rien pour empêcher les pêcheurs basques de boycotter les cargaisons de poisson entrant en Espagne par Irún, estimait-on au ministère français des Affaires étrangères [73].

En même temps, les Français critiquaient vivement la présence d'un navire de guerre espagnol dans les eaux françaises, envoyé pour empêcher, selon eux, l'arraisonnement par le patrouilleur français *Ancelle* de navires basques pêchant illégalement [74]. Aux yeux de l'ambassadeur de France à Madrid, cet incident était d'une particulière gravité, car les actions gouvernementales n'étaient pas du même niveau que les conflits sociaux

---

71. AN, AG/5(3)/1803, Conversation avec le secrétaire d'état à l'agriculture de RFA, 8 août 1977.
72. AN, 19840625/1, Relations de pêche avec l'Espagne, 1ᵉʳ mars 1978 ; Archives universitaires européennes, BAC 147/1991, 1014ᵉ réunion du Comité des Représentants permanents adjoints, 21 janvier 1981.
73. AMAE-La Courneuve, 1929INVA/4392, Compte rendu d'entretien, 19 décembre 1980.
74. AN, 19840625/1, Incidents de pêche, 16 juin 1980.

qu'elles étaient supposées prévenir. La question de ces conflits sociaux en mer fut soulevée à plusieurs reprises dans des réunions bilatérales et les diplomates espagnols ne pouvaient guère faire que s'excuser et tenter de trouver des solutions. Tout cela fit que les relations entre les deux pays devinrent un facteur clé de la question de la pêche et donna au conflit une nouvelle dimension : aux éléments préexistants, politiques, diplomatiques, sociaux et judiciaires du différend vinrent s'ajouter une intervention militaire sous la forme de patrouilles de défense des deux pays, ainsi que le facteur géostratégique du contrôle de l'eau. C'est à cette époque que la mer fit l'objet d'une extension des frontières nationales, chaque pays étant déterminé à ce qu'aucune flotte étrangère ne pénétrât dans ses eaux sans autorisation.

CONCLUSIONS

Les négociations en vue de son adhésion à la CEE exigèrent de l'Espagne qu'elle adapte son économie aux directives fixées par le marché commun. L'effort consenti par les autorités espagnoles, dans les affres alors d'un processus de démocratisation interne et d'une crise économique, a été inégal. Deux des secteurs les plus touchés, la métallurgie et la pêche, suscitèrent, avec l'agriculture, les débats les plus animés entre les Espagnols, les délégations de la CEE et les représentants nationaux de plusieurs pays, dont la France. Celui de la pêche, comme l'a montré cet article, présentait une double difficulté, la nécessité d'adapter le secteur à la CEE étant aggravée par la création de la ZEE et l'introduction de restrictions sur les prises dans des zones où l'Espagne pêchait depuis des temps anciens. Tout cela a contraint l'Espagne à nouer une relation étroite avec la France en raison de l'importance du golfe de Gascogne pour la pêche espagnole, tant d'un point de vue symbolique qu'économique.

La conduite des négociations a été extrêmement complexe en raison, premièrement, du terrorisme et de la faiblesse du processus de transition politique qui posaient des problèmes de stabilité politique au Pays basque. Deuxièmement, l'adoption de la ZEE donnait lieu, en lien avec le premier élargissement de la Communauté, à des conflits internes pour l'accès aux eaux, couplés à d'autres tensions au sein de construction européenne elle-même. Troisièmement, les relations avec la France traversaient une phase sensible du fait du manque de collaboration dans la lutte contre l'ETA, des difficultés suscitées par le dossier agricole dans les négociations d'adhésion de l'Espagne à la CEE, de l'absence d'entente entre la Moncloa et l'Élysée et de problèmes spécifiques tels que celui posé par l'huile de colza. Le fait que les deux pays avaient une frontière commune exacerba la controverse, car la proximité terrestre et maritime favorisait la pêche illégale, les boycotts du pays voisin ou les manifestations. Les relations de l'Espagne avec le Royaume-Uni ou l'Irlande ne rencontraient pas de telles difficultés.

L'article expose les difficultés surgies dans ce contexte dans le cours des négociations sur la pêche entre les deux pays, ainsi que les facettes multiples de ce dossier, bien plus qu'habituellement dans une négociation diplomatique. L'implication dans le débat de composantes non seulement judiciaire, militaire et géostratégique, mais aussi politique, économique et émotionnelle, a fait de la question de la pêche l'une des plus difficiles à résoudre. Ce contexte, ajouté aux positons nationalistes des uns et des autres, facilita les malentendus entre les deux administrations, à tel point que leurs interactions aboutirent à « un dialogue de sourds ». Pour l'Espagne, la pêche a toujours été une question qui requérait de la France une volonté politique, d'où son insistance à réclamer un traitement bilatéral. Pour la France, cette responsabilité incombait exclusivement à la CEE, de sorte que les réunions entre la France et l'Espagne ne pouvaient, à elles seules, mettre fin au différend.

En définitive, son incapacité à présenter des arguments solides dans les négociations puis à parvenir à un compromis a incité l'Espagne à recourir à diverses armes lors des réunions, alors que le moment était crucial pour le gouvernement de l'UCD, qui souhaitait préserver une image positive de l'Europe en Espagne. Pour cette raison, il fit de grands efforts pour éviter toute discussion sur le coût de l'adhésion et les problèmes que les négociations sur la pêche posaient à une flotte espagnole surdimensionnée.

À partir de 1982, le climat politique au sein de la CEE, en Espagne même ainsi que dans ses relations avec la France a connu une évolution plus favorable. Néanmoins, le dilemme de la pêche n'a pas été résolu avant 1985. Les activités de pêche illégale de l'Espagne et les sensibilités nationales ont entretenu les tensions jusqu'à quelques jours de la signature de l'accord d'adhésion de l'Espagne à la CEE.

Sergio MOLINA GARCÍA
Université Complutense, Madrid

Évolutions du soutien national et international à Boris Eltsine (1992-1999)

Le 25 décembre 1991, l'Union soviétique est dissoute et la Fédération de Russie en devient l'héritière, avec le président Boris Eltsine à sa tête [1]. En septembre 1991, quelques semaines seulement après le putsch manqué de Moscou pour renverser Mikhaïl Gorbatchev, la cote de popularité du président Eltsine dépassait les 80 % [2]. En août 1991, le camp putschiste, désorganisé, a en effet échoué à arrêter Eltsine. Résidant alors dans sa datcha, le Président a pu se rendre à la Maison blanche, à Moscou, et réclamer la convocation d'une session extraordinaire des députés du peuple [3]. Juché sur un char, il a dénoncé haut et fort les putschistes [4]. La force de caractère montrée par le Président en ces circonstances marque alors l'imaginaire collectif et c'est avec un soutien national incontesté qu'Eltsine dirige la nouvelle Fédération en 1992. Or, ce soutien décroît rapidement jusqu'à la veille des élections de 1996, où il avoisine à peine les 15 %. Chose étonnante, il remporte néanmoins ces élections, ce qui fait chuter de plus belle sa cote de popularité. Lorsqu'Eltsine quitte finalement ses fonctions à la fin de l'année 1999, seuls 8 % des Russes se disent encore confiants dans ses capacités de président [5].

Dans la même période, la Russie entretient des relations de plus en plus étroites avec la Communauté européenne (CE), puis avec l'Union européenne (UE). Dès la désintégration de l'URSS, la CE a insisté sur la responsabilité qui était la sienne de garantir la stabilité et la sécurité du

---

1. Caroline Ibos-Hervé, « Les diplomates russes et la politique étrangère », *Les Études du CERI*, n° 32, 1997, p. 17-23.
2. Daniel Treisman, « Presidential Popularity in a Hybrid Regime: Russia under Yeltsin and Putin », *American Journal of Political Science*, vol. 55, n° 3, 2011, p. 590-609.
3. Hélène Carrère d'Encausse, *Six années qui ont changé le monde : 1985-1991. La chute de l'Empire soviétique*, Paris, Pluriel, 2019.
4. George Gerbner, « Instant history: The case of the Moscow coup », *Political Communication*, vol. 10, n° 2, 1993, p. 193-203.
5. Daniel Treisman, « Presidential Popularity... », *op. cit.*, p. 590.

continent européen en aidant la nouvelle Russie [6]. Rapidement le FMI intègre la Russie et le G7 invite Eltsine à titre d'observateur. En 1994 également, l'Union européenne signe avec Moscou un accord de partenariat et de coopération qui constitue toujours la base des relations UE-Russie aujourd'hui. Boris Eltsine se présente alors comme l'homme capable de guider efficacement la Russie à travers les nombreuses réformes démocratiques et économiques qu'il lui faut mener à bien [7]. L'objectif de cet article est de démontrer et d'analyser cette dichotomie entre l'érosion du soutien national à Boris Eltsine, et le soutien international qu'il conserve auprès de l'Union européenne et des États-Unis, ses partenaires.

MÉTHODOLOGIE

Parmi les études portant sur la présidence de Boris Eltsine et sa popularité décroissante, notons en particulier celles de Daniel Treisman et de Lilia Shevtsova [8]. Parallèlement, la dichotomie relevée plus haut a intéressé, dès les années 1990, d'autres auteurs comme Arnold L. Horelick, professeur de science politique à l'Université de Californie à Los Angeles, et Angela Stent, professeur à Georgetown [9]. Pourtant, à notre connaissance, les chercheurs qui ont étudié les relations euro-russes sous la présidence de Boris Eltsine ont fait très peu usage des archives du Parlement européen entre 1992 et 1999, sur lesquelles nous appuierons principalement nos analyses, ainsi que sur les nombreux sondages réalisés auprès de la population russe au cours de la même période.

---

6. Les Archives du Parlement européen (ci-après : APE), Délégation pour les relations avec les républiques de la Communauté des États indépendants (CEI). Première rencontre interparlementaire entre le Parlement européen et le Soviet suprême de la Fédération de Russie, 9-12 mars 1992, Strasbourg.
7. APE, Débat du Parlement européen, n° 3-420, 7 juillet 1992, sur le Rapport Chabert Price.
8. Daniel Treisman et al., *The Popularity of Russian President*, 2008 (https://www.researchgate.net/publication/228467635_The_Popularity_of_Russian_Presidents) ; Daniel Treisman, « Why Yeltsin Won », *Foreign Affairs*, vol. 75, n° 5, 1996, p. 64-77 ; David E. Hoffman, *The Oligarchs: wealth and power in the new Russia*, Oxford, Public Affairs, 2002 ; Daniel Treisman, « Presidential Popularity in a Hybrid Regime: Russia under Yeltsin and Putin », *American Journal of Political Science*, juillet 2011, vol. 55, n° 3, p. 590-609 ; Lilia Shevtsova, *Yeltsin's Russia*, Carnegie Endowment for International Peace, Washington D.C., 1999.
9. Arnold L. Horelick, *The West's reponse to Perestroika and Post-Soviet Russia*, RAND, 1995, https://www.rand.org/pubs/papers/P7909.html ; Angela Stent, *The Limits of Partnership: U.S.-Russian Relations in the Twenty-First Century*, Princeton University Press, 2014, p. 1-355 ; Angela Stent, « Russia's economic revolution and the west », *Survival*, vol. 37, n° 1, 1995, p. 121-143 ; Angela Stent, « Germany – Russia relations, 1992-2009 », *in* Bertil Nygren & Kjell Engelbrekt (eds), *Russia and Europe: Building Bridges, Digging Trenches*, Routledge, 2010 ; Angela Stent, « Reluctant Europeans: Three Centuries of Russian Ambivalence Toward the West », *in* Robert Legvold, *Russian Foreign Policy in the Twenty-First Century and the Shadow of the Past*, Columbia University Press, New York, 2007, p. 429.

Les archives publiques conservent en effet les documents de travail sur lesquels se fondent les débats du Parlement européen ainsi que les rapports qui sont à l'origine des résolutions et les résultats des votes pour ces mêmes résolutions qui sont à comparer aux sondages réalisés auprès de la population russe au cours de la même période, notamment par le Levada Center. Elles permettent également de vérifier s'il existe des corrélations entre les résultats d'un vote et le pays d'origine du député, son groupe politique ou son sexe. À cet égard, nous avons identifié chaque député et consigné les informations concernant son groupe politique, son parti politique, son pays d'origine et son sexe. Les mandats incomplets sont également répertoriés. Tous ces documents permettent donc de retracer exactement le travail et les réflexions menant aux décisions du Parlement européen ayant trait aux relations euro-russes entre 1992 et 1999. En outre, les archives du Parlement européen, riches de centaines de documents, conduisent à confirmer le décalage entre le soutien déclinant à Boris Eltsine en Russie, les informations rapportées aux députés européens, et finalement le soutien que le Président conserve auprès de l'Union européenne et des États-Unis.

Bien entendu, les archives du Parlement européen ont des limites. D'une part, les votes ne sont pas obligatoires et plusieurs dizaines de députés sont absents lors des scrutins étudiés. D'autre part, lors des débats, certains députés ou rapporteurs s'adressent au Parlement au nom de plusieurs collègues, faisant ainsi les porte-parole de leur parti, de leur groupe ou même de leur pays [10]. En outre, certaines archives sont inaccessibles, inexistantes ou perdues ou, si l'on trouve des traces de certains débats ou de certains votes, les documents qui s'y rapportent sont introuvables. Bien qu'extrêmement dense, le corpus de documents du Parlement européen est donc incomplet.

En 1992, les députés du Parlement européen sont originaires de douze pays : l'Allemagne, la Belgique, le Danemark, l'Espagne, la France, la Grèce, l'Irlande, l'Italie, le Luxembourg, les Pays-Bas, le Portugal et le Royaume-Uni. S'y ajoutent en 1995 ceux de trois nouveaux pays adhérents : l'Autriche, la Finlande et la Suède. Par conséquent, les archives du Parlement européen à l'époque de la présidence de Boris Eltsine ne reflètent le point de vue que de 12 (en 1992) et de 15 (en 1995) des 27 (28) pays que compte aujourd'hui l'Union européenne. Les tendances des votes rapportées dans cet article ne sont donc pas représentatives des tendances actuelles.

---

10. À titre d'exemple, lors du débat du 8 février 1994 sur la situation à Kaliningrad (Königsberg), tous les députés allemands qui prennent la parole, quels que soient leur groupe politique et leur sexe, se montrent mécontents que Kaliningrad fasse partie de la Russie. APE, Débat du Parlement européen, n° 3-442, 8 février 1994.

1992-1993 : ESCALADE ET DISSOLUTION DU PARLEMENT

Avant même la désintégration de l'Union soviétique, en octobre 1991, Eltsine obtient du Soviet Suprême la capacité de gouverner par décrets pendant douze mois [11] ; progressivement, il place aussi des représentants et des administrateurs dans 62 régions de Russie avant la fin de l'année 1991, ce qui contrarie énormément le Parlement russe [12]. Puis, Eltsine entame au début de 1992 un vaste mouvement de privatisation des entreprises, des industries et des terres russes [13]. Lorsque ses réformes rencontrent de la résistance ou des difficultés, Eltsine encourage les médias à désigner le Parlement comme le principal obstacle à leur avancement. À la fin de l'année, plus de 950 000 entreprises sont néanmoins privatisées [14].

Sur le plan international, la Russie est principalement en demande d'assistance économique et de soutien politique pour maintenir le rythme des réformes vers un État de droit et une économie de marché. La Communauté européenne tente de faire adopter un accord de partenariat et de coopération avant la fin de 1992, mais les négociations traînent pendant plus de dix-neuf mois. La Communauté redoute essentiellement que la Russie ne fasse machine arrière sur la question des réformes ; or, contraindre la Russie par la signature rapide d'un accord serait, à ses yeux, un moyen de prévenir un tel revirement [15]. La crainte de voir les communistes revenir au pouvoir encourage considérablement les Européens et les Américains à soutenir ouvertement Boris Eltsine face à ses adversaires, y compris face au Parlement russe [16]. Selon la délégation du Parlement européen pour les relations avec les républiques de la Communauté des États indépendants (CEI), à propos de la situation politique en Russie, « il n'existe aucun autre prétendant sérieux à la présidence de la Fédération, alors que lui-même [Eltsine] possède l'exceptionnelle faculté de se mettre au diapason du peuple » [17]. Pour Daniel Byman et Kenneth Pollack, qui considèrent que les individus jouent un rôle central dans les relations internationales, Boris Eltsine a gagné deux alliés loyaux et inestimables dès son premier mandat en manifestant rapidement son intention de réformer et de démocratiser la Russie. Par ailleurs, la personnalité d'un dirigeant joue un rôle plus important dans certaines situations,

---

11. George Breslauer, *Gorbachev, and Yeltsin as Leaders*, Cambridge, Cambridge University Press, 2002.
12. Lilia Shevtsova, *op. cit.*, p. 37-38.
13. George Breslauer. *op. cit.*, p. 164.
14. Lilia Shevtsova, *op. cit.*, p. 43.
15. Tuomas Forsberg, Hiski Haukkala, *The European Union and Russia*, Palgrave, Macmillan education, The European Union Series, 2016, p. 17.
16. Angela Stent, *The Limits of Partnership...*, *op. cit.*, p. 44.
17. APE, Délégation pour les relations avec les républiques de la Communauté des États indépendants (CEI), Commission des Affaires étrangères et de la sécurité, Note sur la situation politique en Russie, Bruxelles, 24 juillet 1992.

notamment lorsque les contextes bureaucratiques, nationaux ou systémiques sont ambigus, complexes, mouvants ou incertains, ce qui est le cas dans la Russie des années 1990. Conformément à cette analyse, il n'est donc pas surprenant de voir l'Union européenne et les États-Unis afficher et renouveler leur engagement auprès du président russe [18].

Pourtant, selon des sondages nationaux réalisés au mois de juillet 1992 en Russie, seuls 24 % des personnes interrogées accordaient une pleine confiance à Eltsine, 33 % lui vouaient une certaine confiance et 32 % n'avaient pas du tout confiance en lui. En même temps, 28 % des personnes interrogées disaient faire toute confiance au vice-président Alexandre Routskoï, 36 % une certaine confiance, et seulement 19 % ne lui accordaient aucune confiance [19]. Vicki L. Hesli et Elena Bashkirova lient notamment cette rapide baisse de popularité à la fin de la « lune de miel » de 1991, lorsque la majorité de la population soutenait fortement les réformes et la transition démocratique, et à la prise de conscience du coût des réformes [20]. À partir de 1992, les retombées économiques se font sentir aussi avec plus d'intensité : l'inflation tourne autour de 350-400 % et le niveau de la production industrielle au premier trimestre ne représente que 87 % du niveau de production de 1991. Le rapport annuel du 29 octobre 1992 montre qu'un tiers de la population environ vit désormais sous le seuil de pauvreté, avec un revenu de moins de 2 000 roubles par mois (5$ USD). Selon des sources indépendantes, cette proportion était en fait bien supérieure. En outre, un autre sondage réalisé à la même époque révèle qu'environ 70 % des Russes étaient insatisfaits de leur niveau de vie et que 58 % ne croyaient pas en la réussite des réformes [21].

Dans un discours de février 1993, Eltsine reconnaît que les réformes économiques de l'année précédente avaient donné lieu à quelques erreurs mais, plutôt que d'en assumer la responsabilité, il insiste sur celle du Parlement. Les tensions entre le président et celui-ci seraient à l'origine, selon lui, des problèmes économiques rencontrés en 1992. La semaine suivante, il demande l'instauration d'une nouvelle constitution ainsi que l'organisation d'un référendum pour la faire entériner. Fin février 1993, il accuse le Soviet suprême de vouloir un retour au système communiste et il prétend, en mars, que le Congrès des députés du peuple est un vestige de l'ancien système bolchévique [22]. Au 7ᵉ Congrès du peuple en décembre 1992, Eltsine avait obtenu d'être prolongé dans ses fonctions présidentielles, ce qui lui permettait de gouverner par décrets mais, en

---

18. Daniel L Byman et Kenneth M. Pollack, « Let Us Now Praise Great Men: Bringing the Statesman Back In », *International Security*, vol. 25, n° 4, 2001, p. 107-146.
19. Lilia Shevtsova, *op. cit.*, p. 51.
20. Vicki L. Hesli et Elena Bashkirova, « The Impact of Time and Economic Circumstances on Popular Evaluations of Russia's President », *International Political Science Review*, vol. 22, n° 4, 2001, The Dynamics of Democratic Satisfaction, p. 379-398.
21. Lilia Shevtsova, *op. cit.*, p. 57.
22. George Breslauer. *op. cit.*, p. 168-169.

mars 1993, lors du 8ᵉ Congrès, ce pouvoir lui est retiré [23]. Pendant cette escalade à Moscou entre le Président et le Parlement, Eltsine s'est assuré de pouvoir compter sur le soutien des leaders européens et du nouveau président américain, Bill Clinton, au cas où il lui faudrait prendre des mesures extraordinaires comme la dissolution du Parlement pro-communiste [24].

Dans l'été 1993, Eltsine réunit la conférence constitutionnelle chargée de rédiger la nouvelle constitution. Celle-ci revêt une importance primordiale pour Eltsine qui souhaite renforcer les pouvoirs de la présidence au détriment de ceux du Parlement, lequel riposte en émettant un projet de loi qui ferait du Parlement le seul organe pouvant élaborer une nouvelle constitution et la soumettre au Congrès du peuple pour approbation [25]. Finalement, le 21 septembre 1993, Boris Eltsine ordonne par décret la dissolution immédiate du Parlement et la tenue de nouvelles élections en décembre 1993. Pour empêcher les députés de réagir, toutes les lignes avec la Maison-Blanche, où siège le parlement, sont coupées. La décision prise par Eltsine de suspendre le parlement russe violait directement la constitution en vigueur qui stipulait clairement qu'un président n'avait pas ce pouvoir, mais dans un discours télédiffusé à la nation, Eltsine insista sur la responsabilité du Soviet Suprême dans la crise constitutionnelle qui paralysait l'État russe. Cette dissolution, selon lui, était donc nécessaire [26].

En octobre 1993, la confrontation entre le Parlement et le Président devient aiguë. Lorsque les députés refusent de quitter la Maison-Blanche, Eltsine fait couper l'électricité. Des heurts opposent dans les rues de Moscou les partisans du Parlement et ceux du président. Soutenu par les militaires, Eltsine déploie une répression disproportionnée, laissant les tanks entrer dans les rues de la capitale et user de l'artillerie contre le siège du Parlement. Selon différentes sources, plusieurs citoyens russes auraient perdu la vie durant ces quelques journées de violence [27].

En Europe, on estime alors que la Russie tente de réaliser simultanément trois grandes transitions : d'un État totalitaire à un État démocratique, d'une économie planifiée à une économie de marché et d'un empire à un État-nation. Certains écarts étaient donc *tolérables*, dont cette

---

23. Lilia Shevtsova, *op. cit.*, p. 70.

24. John Loyld, « Mr. Helmut Kohl, the German Chancellor, has written Western leaders urging their support for Yeltsin in his constitutional struggle », *Financial Times*, 10 mars 1993 ; « Russian President Boris Yeltsin privately has called on Western leaders for support if he takes "emergency measures" to preserve his rule in the bitter contests for power in a hostile parliament », *Chicago Tribune*, 11 mars 1993.

25. Mark Andrew Abdollahian & Jacek Kugler, « Unraveling the ties that divide: Russian political succession », *International Interactions*, vol. 23, n° 3-4, 1997, p. 267-281.

26. Archie Brown, « The October Crisis of 1993: Context and Implications », *Post-Soviet Affairs*, vol. 9, n° 3, 1993, p. 183-195.

27. Louis D. Sell, « Embassy under Siege: An Eyewitness Account of Yeltsin's 1993 Attack on Parliament », *Problems of Post-Communism*, vol. 50, n° 4, 2003, p. 43-64.

dissolution du parlement en septembre 1993 [28]. Selon Thomas Pickering, alors ambassadeur des États-Unis à Moscou, l'Union européenne et les États-Unis n'avaient aucune autre alternative que de soutenir Eltsine dans cet affrontement avec le Parlement. À ses yeux, plusieurs députés radicaux représentent toujours une menace pour le succès des réformes et Boris Eltsine, un démocrate imparfait certes, est tout de même un démocrate [29]. De ce fait, selon Meital Balmas et Tamir Sheafer de l'Université de Jérusalem, on assiste à un phénomène de *political personalization*, qui s'accélère depuis les années 1970 du fait des médias de masse notamment, autrement dit à la montée en puissance du chef de l'État au détriment de son parti ou de son affiliation politique. Ce processus se trouve encore accéléré lorsqu'un dirigeant charismatique dégage une impression de puissance. Or, rappelons-le, en 1991, lors du putsch dirigé contre Gorbatchev, Eltsine a marqué l'imaginaire des Russes et des médias internationaux. Par conséquent, et conformément à cette théorie, Boris Eltsine, dans le courant des années 1990, personnifie, incarne et devient indissociable des réformes qu'il a entamées après la désintégration de l'Union soviétique [30].

Lors des débats du Parlement européen des 30 septembre et 14 octobre 1993 sur la situation en Russie, les députés adoptent une résolution réitérant le soutien du Parlement à Boris Eltsine. Au début de ces échanges, le président du Conseil en exercice, Urbain, souligne que :

> [...] depuis deux ans, ces réformes économiques sont systématiquement bloquées par le Parlement [russe] : privatisation de terres et des entreprises, indépendance de la Banque centrale, restructuration des secteurs industriels obsolètes, mise sur pied d'un système fiscal moderne. Dans tous les domaines de la gestion et de la réforme de l'économie, le parlement a été un obstacle à l'activité du gouvernement russe [31].

La légitimité de Boris Eltsine comme président, rappelle-t-il également, est incontestable puisqu'il a été élu au suffrage universel le 12 juin 1991 avec 57,4 % des voix et que lors du référendum d'avril 1993, 58 % des votants ont réitéré leur confiance en leur président [32]. Le Parlement, déclare aussi le député Eisso Woltjer, a été élu sous le régime communiste et la dissolution de ce Parlement, bien qu'illégitime, est nécessaire pour sortir les dirigeants russes de l'impasse politique. Quant au député Carlos Pimenta, du groupe libéral démocratique réformateur, il exprime clairement une position partagée par plusieurs de ses collègues :

---

28. Angela Stent, « Russia's economic revolution and the west... », *op. cit.*, p. 122.
29. Angela Stent, *The Limits of Partnership...*, *op. cit.*, p. 44.
30. Meital Balmas and Tamir Sheafer, « Charismatic Leaders and Mediated Personalization in the International Arena », *Communication Research*, 2014, vol. 41, n° 7, p. 991.
31. APE, Débat du parlement européen, n° 3-435, 30 septembre 1993.
32. Un sondage du Levada Center datant de septembre 1993 révèle cependant que seuls 38 % des Russes ont une opinion favorable de leur président, 36 % une opinion défavorable et 26 % sont sans opinion. Levada Center, Fall of the USSR and Yeltsin era, 5 avril 2016, https://www.levada.ru/en/2016/04/05/fall-of-the-ussr-and-yeltsin-era_/

Nous regrettons ce qui s'est passé. Comment ne pas déplorer les morts ? Mais le Parlement ferait preuve d'hypocrisie s'il n'exprimait pas nettement le soulagement qu'a signifié pour chacun de nous la victoire du président Eltsine et des forces démocratiques lors des sanglants incidents qui ont eu lieu à Moscou [33].

Arnold L. Horelick, en 1995, souligne d'ailleurs que l'Union européenne et les États-Unis ont maintenu leur soutien à Boris Eltsine après les événements de 1993 faute d'une meilleure option ; il n'en existait que de plus désastreuses [34].

Le texte de la résolution adoptée par le Parlement européen le 14 octobre 1993 – à 61 voix pour, 17 contre, et 20 absentions – mentionne que le Parlement et la constitution russes dataient du régime soviétique ; il se réjouit, malgré la violence regrettable des derniers événements, de la victoire du président Eltsine face aux forces antidémocratiques et conservatrices [35]. Ce texte est voté par le Groupe populaire européen à l'unanimité, par le Groupe socialiste européen à la majorité, tandis que la majorité des Verts s'est abstenue et que le Groupe libéral, démocratique et réformateur ainsi que les Non-inscrits se sont tous exprimés contre [36]. En janvier 1994, dans un document de travail, le Parlement européen présente également l'adoption de la nouvelle constitution, en décembre 1993, comme une grande victoire démocratique à mettre au crédit d'Eltsine et de la Russie.

Selon la *Red Star*, le journal officiel du ministère de la Défense de la Fédération de Russie, sur 95 % des militaires russes âgés de plus de 18 ans qui se sont prononcés sur la nouvelle constitution, 74 % avait voté en sa faveur. Les militaires mis à part, sur les 53 % d'électeurs qui se sont rendus aux urnes, 58 % ont voté pour la nouvelle constitution [37]. Les résultats laissent toutefois voir une autre réalité : avec 53 % seulement de votants, la constitution n'a été approuvée en fait que par à peine plus de 30 % de la population russe. Parallèlement, 24 des 89 régions administratives – oblasts, républiques, districts autonomes et villes fédérales – ont simplement rejeté la proposition de constitution. Il n'y a pas eu non plus de scrutin dans la République tchétchène. Les régions de l'Extrême-Orient et de la Sibérie en particulier ont rejeté en masse la nouvelle constitution et se sont ralliées au camp communiste dès la fin de 1993 [38].

---

33. APE, Débat du Parlement européen, n° 3-436, 14 octobre 1993.
34. Arnold L. Horelick, *op. cit.*, p. 5.
35. APE, Résolution sur la situation dans la Fédération de Russie, B3-1379, 1380 et 1381/93, 14 octobre 1993.
36. Le vote nominal complet se détaille ainsi : Pour : Groupe du parti socialiste européen (PSE) 35 ; Groupe du Parti populaire européen 24 ; Rassemblement des démocrates européens (RDE) 1 ; Arc-en-ciel (ARC) 1. Contre : PSE 2 ; Groupe libéral, démocratique et réformateur 7 ; RDE 1 ; ARC 1 ; Non-inscrits 4 ; Verts (VER) 2. Abstention : PSE 14 ; ARC 1 ; VER 5.
37. APE, Secrétariat du Groupe du Parti Populaire Européen (Démocrates-chrétiens) Memorandum, Russian Federation Elections, 7 janvier 1994 : Rapport du Major Mark T. Davis, Central & East European Defense Studies « The Russian Army and the *Zhirinosky* Phenomenon ».
38. Lilia Shevtsova, *op. cit.*, p. 96.

1994 À 1996 : L'IMPOPULAIRE GUERRE DE TCHÉTCHÉNIE

Après la tumultueuse année 1993, les relations entre le Parlement et la présidence russe sont relativement stables en 1994. La nouvelle constitution accorde beaucoup plus de pouvoirs au Président, au détriment du Parlement qui n'a plus réellement la capacité de s'opposer au pouvoir exécutif[39]. Cette période d'accalmie est cependant de courte durée puisque, le 11 décembre 1994, les troupes russes envahissent la Tchétchénie séparatiste. L'objectif de cette opération est de détruire par la force le régime sécessionniste au pouvoir depuis 1991[40]. Dès le mois de janvier, la Commission européenne suspend la ratification de l'accord intérimaire et le Parlement européen invite le Conseil de l'Europe à suspendre également la demande d'adhésion de la Russie, en raison de son usage disproportionné de la force contre les séparatistes tchétchènes et du non-respect des droits de l'homme, en violation de la Convention de Genève ratifiée par l'Union soviétique en 1989[41]. La Russie s'étant elle-même proclamée seul successeur de l'Union soviétique, elle se devait de respecter cet engagement. Le commissaire Van den Broek a beau considérer que le conflit en Tchétchénie est une affaire interne et que la communauté internationale ne protestera qu'en cas de recours à une force disproportionnée[42], la Commission décide néanmoins qu'aucun pas ne saurait être accompli vers la ratification de l'accord de partenariat et de coopération tant que rien n'est fait pour parvenir à une solution politique en Tchétchénie[43].

En Russie, cette guerre est rapidement très impopulaire. Le plan initial prévoyait d'écraser les forces sécessionnistes tchétchènes par un *blitzkrieg* d'environ une semaine. En réalité, les soldats russes se retrouvent brutalement confrontés à des forces civiles tchétchènes entraînées à la guérilla urbaine, ce qui occasionne la perte de plusieurs milliers d'hommes, femmes et enfants, militaires et civils. Déjà dans l'hiver 1995, les sondages révèlent que 54 % de la population russe souhaitent une solution pacifique et que 63 % désapprouvent les décisions du Président relatives à la guerre. Plusieurs officiers de carrière dénoncent celle-ci ouvertement et certains démissionnent plutôt que d'assumer la responsabilité du massacre, dont le colonel-général Eduard Vorobyov. Les sondages nationaux révèlent également que cette guerre impopulaire a un immense impact sur le taux d'approbation, en général, du président Eltsine. En février 1995, 48 % des Russes disent n'avoir aucune confiance en leur président, Eltsine se trouvant alors relégué dans les sondages derrière tous les autres

---

39. *Ibid.*
40. Svante E. Cornell, « International Reactions to Massive Human Right Violations: The Case of Chechnya », *Europe-Asia Studies*, vol. 51, n° 1, 1999, p. 85-100.
41. APE, Résolution sur la situation en Tchétchénie, Bruxelles, 19 janvier 1995.
42. APE, Délégation pour les relations avec la Russie, Première réunion interparlementaire PE/Russie, décembre 1994, Strasbourg, Rapport du président Mme Constanze Krehl, 28 février 1995.
43. APE, Délégation pour les relations avec la Russie, Procès-verbal de la réunion constitutive du mardi 4 avril 1995.

principaux politiciens[44]. Plus tard, dans l'été 1995, plus de 71 % des Russes condamnent les actions d'Eltsine en Tchétchénie[45].

En Europe, les discussions sur la ratification de l'accord de partenariat et de coopération reprennent progressivement à partir des mois de mai et juin 1995 à la Commission, puis au Parlement européen. Le 24 mai 1995 lors de la réunion constitutive de la délégation du Parlement européen pour les relations avec la Russie, la députée Hélène Carrère d'Encausse souhaite :

> [...] modifier le projet de texte pour indiquer l'acceptation de la mission de l'OSCE et la nécessité d'organiser des élections parlementaires en Tchétchénie en décembre 1995. [...] La Commission considère que les troubles en Tchétchénie ne devraient pas détourner ou déformer les intérêts à plus long terme[46].

Lors du débat d'octobre 1995 sur la situation en Russie et la reprise des négociations sur l'accord de partenariat et de coopération, plusieurs députés soulignent tout l'intérêt qu'avait l'Union européenne à éviter d'isoler la Russie et à adopter au contraire des politiques visant à l'inclure. Le commissaire Van den Broek, qui participe au débat, rappelle combien cet accord est important pour les forces démocratiques en Russie, surtout à la veille d'une élection présidentielle qui s'annonce difficile pour Eltsine. Sa ratification permettrait, après les efforts déployés pour dégager une solution pacifique au conflit, de réitérer le soutien européen à Boris Eltsine[47]. Le vote qui suit le débat reflète bien l'enthousiasme avec lequel le parlement européen ratifie l'accord avec la Russie : la résolution est en effet adoptée à une écrasante majorité de 211 députés, et seulement 2 contre et 13 abstentions[48].

La confiance de l'Union européenne et des États-Unis dans la capacité du président Eltsine à guider la Russie vers la démocratie et à travers les

---

44. Lilia Shevtsova, *op. cit.*, p. 117.
45. Daniel Treisman *et al.*, *op. cit.*, p. 11.
46. APE, Délégation pour les relations avec la Russie, Procès-verbal de la réunion constitutive du mercredi 24 mai 1995.
47. APE, Débat du Parlement européen, n° 4-471, 29 octobre 1995. La présence de l'Organisation pour la Sécurité et Coopération en Europe (OSCE) en Tchétchénie permet d'apporter une aide considérable aux civils et assure une distribution adéquate de l'aide alimentaire internationale. En revanche, les autorités russes peinent à élaborer une solution politique pour en terminer avec le conflit, et aucun des deux camps n'est prêt à appliquer un cessez-le-feu durable. Au sommet de Cannes des 26 et 27 juin, le Conseil européen constate toutefois que des progrès ont été accomplis au regard de la situation en Tchétchénie et, comptant voir ces progrès confirmés, se prononce pour la signature de l'accord intérimaire.
48. Le vote nominal complet se détaille ainsi : Pour – Alliance radicale européenne (ARE) 1 ; Europe des nations (EDN) 3 ; Groupe du Parti européen des libéraux, démocrates et réformateurs (ELDR) 21 ; Gauche unitaire européenne (GUE/NGL) 1 ; Non-inscrits (NI) 3 ; Groupe du Parti populaire européen (PPE) 74 ; Groupe du parti socialiste européen (PSE) 93 ; Union pour l'Europe (UPE) 15. Contre – GUE/NGL 1 ; V 1. Abstention – GUE/NGL 3 ; NI 2 ; PPE 2 ; UPE 1 ; Verts 5 ; APE, Legislative resolution on the proposal for a Council and Commission Decision on the conclusion of an Agreement on Partnership and Cooperation between the European Communities and their Member States of the one part, and the Russian Federation, of the other part, COM(94)0257-7630/94-C4-0191/95-6101/95-C4-0358/95-94/0151(AVC).

réformes semble inentamée. La Fédération russe, pense-t-on toujours, progressera vers la démocratie si elle est encouragée et épaulée par ses voisins. Celle-ci doit demeurer ouverte sur l'extérieur, car une Russie isolée est plus encline aux comportements antidémocratiques et à reculer face aux réformes entamées. En outre, aux yeux des États membres de l'OTAN, européens ou non, une présence russe est nécessaire dans les négociations de paix relatives aux accords de Dayton et au démantèlement de la Yougoslavie. Surtout, il serait inconséquent de contrarier Moscou sur la question tchétchène et espérer son impartialité totale lors de la négociation à Dayton.

1995 ET 1996 : UNE ÉLECTION PRÉSIDENTIELLE SURPRENANTE

Lorsque Eltsine débute sa campagne électorale, son taux d'opinions positives est extrêmement bas. Selon les différentes sources, celui-ci varie entre 3 % et 15 % au cours de l'hiver 1995-1996 [49]. La situation économique est également catastrophique. Lors du premier mandat d'Eltsine, le PIB a baissé d'environ 50 %, le chômage a largement augmenté, l'hyperinflation a anéanti les économies de millions de foyers et le niveau de vie moyen de la population en 1995 avait chuté d'environ 55 % par rapport au niveau de vie moyen en URSS en 1991 [50]. Au début de 1996, les États-Unis consentent un prêt de 10,2 milliards pour appuyer la campagne d'Eltsine et renforcer l'économie russe avant l'élection. L'administration Clinton se représente cette élection comme un choix entre Boris Eltsine, un démocrate, ou un possible retour au communisme si Guennadi Ziouganov l'emportait [51]. Dès le mois de février 1996, Bill Clinton et le chancelier allemand Helmut Kohl annoncent que l'Occident soutient la réélection du président Eltsine [52].

C'est également à cette époque qu'un groupe d'oligarques russes organisent une rencontre dans la station de ski de Davos, en Suisse, afin de discuter des prochaines élections présidentielles. Si Ziouganov remportait l'élection et réinstaurait le système communiste, cela signifierait la fin de leur empire économique. À Davos, ces oligarques conviennent donc de travailler ensemble à la réélection de Boris Eltsine. Cette initiative revient à Boris Berezovsky et Vladimir Goussinski, progressivement rejoints par huit autres hommes d'affaires dans les semaines suivantes [53]. Les oligarques

---

49. Daniel Treisman, « Presidential Popularity in a Hybrid Regime… », *op. cit.*, p. 590.
50. Daniel Treisman, « Why Yeltsin Won », *op. cit.*, p. 64-65 ; Levada Center, Lev Gudkov, « The unity of the empire in Russia is maintained by three institutions: the school, the army, and the police », https://www.levada.ru/en/2021/05/12/lev-gudkov-the-unity-of-the-empire-in-russia-is-maintained-by-three-institutions-the-school-the-army-and-the-police/
51. Angela Stent, *The Limits of Partnership…*, *op. cit.*
52. Lilia Shevtsova, *op. cit.*
53. Angela Stent, *The Limits of Partnership…*, *op. cit.*

s'attaquent en priorité à l'image qui est celle d'Eltsine, un tsar distant, claquemuré derrière les murs du Kremlin. À cet effet, ils encouragent Eltsine à quitter Moscou pour visiter plusieurs villes et régions particulièrement favorables à Ziouganov [54].

En janvier, février et mars 1996, Eltsine adopte plus d'une vingtaine de décrets au profit de différents groupes ou régions. En avril, il signe 22 décrets supplémentaires, et encore 34 autres en mai et juin. Ces décrets concernent les étudiants, les professeurs, les travailleurs de la santé, les bénéficiaires d'un régime de pension, les vétérans, les enfants, les mères célibataires, les scientifiques, plusieurs minorités, les petites entreprises, les Cosaques et les chômeurs. Les régions de Sibérie, de Chernozem, du Nord, de l'Extrême-Orient, du lac Baïkal, les Républiques du Tatarstan, de l'Oudmourtie et de Komis, les oblasts de Belgorod, de Sverdlovsk, d'Arkhangelsk, de Vologda, de Tcheliabinsk, du Kamtchatka, de Iaroslavl, de Rostov et de Kemerovo bénéficient également d'un soutien économique, financier ou politique [55]. À la mi-avril, Eltsine fait doubler le régime de pension minimum et en mai, il signe un nouveau décret destiné à dédommager les citoyens dont les épargnes avaient été largement dévaluées à la suite de l'hyperinflation de 1992 [56]. Eltsine signe également des accords avec huit régions sur la délimitation des pouvoirs avec la Fédération. Certaines, comme la région de Sverdlovsk, obtiennent de conserver 25 % des taxes perçues normalement par le budget fédéral, les régions s'engageant en échange à soutenir publiquement le président Eltsine et à encourager leurs citoyens à voter pour lui [57].

Eltsine s'attaque également au problème des retards de salaire, qui représentent, plus de 24 trillions de roubles (environ 5 milliards USD) en février 1996. Il en rend responsables les fonctionnaires régionaux dont un grand nombre est licencié et initie des enquêtes sur plusieurs entreprises régionales. Selon un sondage réalisé à la mi-avril, ses efforts pour payer les fonctionnaires auraient influencé 38 % des votants [58]. Avec toutes ces promesses, les premiers mois de campagne d'Eltsine en 1996 auront coûté entre 700 millions et 1 milliard USD à l'État russe [59]. Les oligarques du groupe de Davos font également pression sur Eltsine en avril pour qu'il mette fin à la guerre de Tchétchénie [60].

Le président Eltsine réussit rapidement aussi à polariser la campagne électorale entre les démocrates et les communistes. Selon Paul Bograd, l'un de ses conseillers politiques, le plus probable est que les électeurs russes voteraient contre un candidat plutôt que pour un candidat.

---

54. David E. Hoffman, *op. cit.*, p. 353.
55. Daniel Treisman, « Why Yeltsin Won », *op. cit.*, p. 67-68.
56. *Ibid.*
57. Lilia Shevtsova, *op. cit.*, p. 182.
58. Daniel Treisman, « Why Yeltsin Won », *op. cit.*, p. 69.
59. Lilia Shevtsova, *op. cit.*, p. 191.
60. David E. Hoffman, *op. cit.*, p. 348.

L'objectif, dès lors, est de discréditer Ziouganov[61]. Boris Berezovsky et Vladimir Goussinski font également en sorte que leurs chaînes de télévision couvrent largement et favorablement la campagne d'Eltsine. Dans les cinq semaines précédant le vote, Boris Eltsine bénéficie de trois fois plus de temps d'antenne que ces rivaux[62]. L'attention particulière accordée à la campagne d'Eltsine s'explique également par l'enthousiasme avec lequel les journalistes et les médias indépendants soutiennent le Président face à son rival communiste. Non pas qu'ils aient été payés davantage pour encenser Boris Eltsine, mais la majorité d'entre eux craint le retour des communistes au pouvoir et la fin de la « liberté » de la presse. Plusieurs millions de Russes semblent alors prêts à oublier les nombreux défauts d'Eltsine pour prévenir un retour des communistes au pouvoir[63].

Après la victoire d'Eltsine en juillet 1996, les rapports des organisations internationales et les documents de travail du Parlement européen témoignent de la satisfaction de l'Union européenne et des États-Unis. La question de l'inégalité entre la couverture médiatique de la campagne d'Eltsine et celle de son rival est certes soulevée par l'OSCE et rapportée au parlement européen[64]. Mais globalement, tous les observateurs ont affirmé que le scrutin était libre et équitable, que la victoire de Boris Eltsine était donc tout à fait légitime, même s'il allait falloir que le gouvernement russe réglemente mieux la couverture médiatique aux prochaines élections[65].

1997-1999 : CRISE ÉCONOMIQUE ET PROBLÈMES DE SANTÉ

Peu de temps après l'élection, les sondages mettent en évidence une nouvelle chute de la confiance placée en Boris Eltsine. En juillet 1996, 37 % des électeurs ont une certaine confiance en Eltsine ; en mars 1997, ils ne sont plus que 16 % à lui accorder encore leur confiance[66]. Eltsine a subi au cours de l'année 1996 plusieurs attaques cardiaques, ainsi qu'un quadruple pontage au mois de novembre, suivi d'une longue pneumonie[67]. Alors que le président se remet doucement, les Européens planifient l'avenir de leurs relations.

61. *Ibid.*
62. Lee Hockstader, « Yeltsin Paying Top Ruble for Positive News Coverage », *Washington Post*, 30 juin 1996 ; The European Institute for the Media in Dusseldorf qui surveille la campagne présidentielle russe note également que le président Eltsine a obtenu dans sa campagne plus de 300 références positives, alors que, pour la sienne, Ziouganov n'en a enregistré que 150.
63. David E. Hoffman, *op. cit.*, p. 340.
64. APE, Press release: Preliminary Assessment OSCE Observers: Russian Presidential Elections Generally Free and Fair, 17 juin 1996 ; APE, Parliamentary Assembly, Rapport de la présidente, Mme Constanze Krehl, 9 octobre 1996.
65. APE, Press release: Preliminary Assessment OSCE Observers, et Report on the Election of the President of the Russian Federation, 16 juin et 3 juillet 1996, *ibid.*
66. Lilia Shevtsova, *op. cit.*, p. 210.
67. George Breslauer. *op. cit.*, p. 216.

À la suite de la réélection de Boris Eltsine, le Parlement européen reprend rapidement ses débats sur la mise en place des programmes de coopération et les programmes d'aide comme TACIS [68]. Mais on y est conscient qu'au terme de son second mandat, Boris Eltsine devra quitter la présidence et que l'Europe doit assurer ses relations avec la Russie pour l'avenir. Le Parlement prévoit donc l'ouverture de négociations – au plus tard en 1998 – sur l'établissement d'une zone de libre-échange et l'augmentation des relations commerciales entre l'Union européenne et la Russie. Déjà en 1995, les échanges avec l'UE représentaient 45 % des échanges totaux de la Russie [69]. En décembre 1996, lors de la 5e rencontre interparlementaire entre le Parlement européen et la Russie, Alexander Shokhin, chef de la délégation russe, annonce que l'accord de partenariat et de coopération avec l'UE a été officiellement ratifié par la Douma et signé par le Président le 25 novembre. Quant au programme TACIS, la Commission lui fixe des priorités, dont le soutien au processus de privatisation, le développement des ressources humaines, les économies d'énergie et l'efficacité du secteur de l'énergie, la sécurité des réacteurs nucléaires, la lutte contre la criminalité internationale et le soutien aux institutions démocratiques [70].

Au cours de l'année 1997 et au début de l'année 1998, Eltsine noue un dialogue plus soutenu entre le pouvoir exécutif et le pouvoir législatif, mais la situation économique est toujours aussi volatile. En octobre 1997, seuls 67 % des taxes dues ont été collectés et, en 1998, le gouvernement met les huit derniers mois de l'année à collecter celles des quatre premiers mois, ce qui décide le FMI à retarder le versement d'un prêt préalablement accordé [71]. Au printemps 1998, Eltsine congédie plusieurs hauts fonctionnaires et le Premier ministre Victor Tchernomyrdine, avant de dissoudre le Parlement [72]. Au sein de l'Union européenne, on observe que le président Eltsine alterne les épisodes de maladies et les actions politiques risquées [73]. Le premier semestre de l'année 1998 se caractérise par une grande instabilité politique tandis que Boris Eltsine accroît la présidentialisation du régime et la centralisation des pouvoirs afin de compenser ses absences répétées pour raisons médicales [74]. Ses décisions

---

68. Le programme TACIS, pour Technical Assistance to the Commonwealth of Indépendant States, est un instrument financier de l'Union européenne pour favoriser la transition économique des pays de l'ex-URSS et de la Mongolie vers l'économie de marché entre 1991 et 2006.
69. APE, Direction générale des études, Parlement européen, note d'information sur la situation économique en Russie et les relations avec l'Union européenne, 27 novembre 1996.
70. APE, 5e rencontre interparlementaire PE/Russie, 11-12 décembre 1996, Strasbourg.
71. Lilia Shevtsova, op. cit., p. 233.
72. George Breslauer, op. cit., p. 222.
73. APE, Deuxième rencontre de la Commission Parlementaire de coopération Parlement Européen – Russie, 16-17 septembre 1998, Strasbourg, Document de travail : European Parliament, Secretariat Working Party, Task-Force "Enlargement", Briefing n° 14: Russia and the enlargement of the European Union, 9 juin 1998, Luxembourg.
74. APE, Direction générale des études du Parlement européen, division des affaires internationales et institutionnelles, Note d'information sur la Russie, Luxembourg, 18 octobre 1998.

minent la confiance internationale à l'égard de la Russie, et par là même remettent en question la crédibilité politique de son Président. Or, le Parlement européen est d'avis que de nouvelles réformes économiques et politiques sont nécessaires, et donc, que l'Union européenne devrait accélérer leur mise en œuvre au lieu de ralentir le processus pour punir Eltsine de ses actions inconsidérées [75].

Au cours de l'été 1998, la Russie est frappée de plein fouet par la crise économique asiatique. Entre octobre 1997 et juillet 1998, le marché russe perd plus de 60 % de sa valeur [76]. Le 13 juillet 1998, on annonce que la Russie recevra du FMI un prêt d'une valeur de 22 milliards USD, alors que l'administration Clinton pressait le FMI d'en doubler le montant. Lors du débat du 16 septembre 1998 au Parlement européen, nombreux sont les députés à souligner la nécessité de prendre des mesures d'urgence pour rétablir la situation budgétaire, mais aussi des mesures à plus long terme, notamment sur la réforme fiscale, le fonctionnement des marchés financiers et le renforcement des institutions encadrant le fonctionnement de l'économie. Ainsi le Parlement européen est-il disposé à poursuivre sa coopération avec les autorités russes dans leurs efforts pour atteindre la stabilité et la réforme [77]. En outre, à Washington, la Maison blanche déclare le 11 septembre 1998 que les États-Unis travailleront très étroitement avec le nouveau gouvernement russe et qu'ils sont prêts à l'aider à stabiliser sa situation financière, qui est très sérieuse. Le gouvernement russe s'engage également sur un certain nombre de points, par exemple le paiement des arriérés de salaires et des pensions. L'état de santé du président Eltsine préoccupe toujours les investisseurs et les partenaires de la Russie. De nombreuses rumeurs circulent sur son départ anticipé de la présidence [78].

L'année 1999 est toute aussi chaotique. Eltsine congédie encore plusieurs hauts fonctionnaires ainsi que le Premier ministre Evgueni Primakov, en poste depuis à peine huit mois. Au cours de l'été, les tensions montent à nouveau rapidement en Tchétchénie et des attentats à Moscou justifient une nouvelle intervention dans le Caucase [79]. Lorsque Eltsine quitte la présidence en décembre 1999, à peine 6 % de la population a encore une certaine confiance en lui. Il est âgé, malade ; il donne une image de faiblesse et la situation économique tarde à s'améliorer [80].

---

75. Constanze Krehl, Statement by Ms Constanze Krehl on behalf of the European Parliament delegation for relations with the Russian federation on the events in Russia, Bruxelles, 2 septembre 1998.
76. Lilia Shevtsova, *op. cit.*, p. 247.
77. APE, Débats du Parlement européen, n° 4-524 – 16 septembre 1998.
78. APE, Direction générale des études du Parlement européen, division des affaires internationales et institutionnelles, Note d'information sur la Russie, Luxembourg, 18 octobre 1998.
79. George Breslauer. *op. cit.*, p. 228.
80. Daniel Treisman *et al.*, *op. cit.*, p. 1.

CONCLUSION

Durant la décennie 1990, la Communauté européenne, puis l'Union européenne, ne se désengagent pas vis-à-vis de la Russie, malgré des relations initialement difficiles et une présidence instable. À chaque revers, l'Europe se déclare prête à accélérer les réformes et à approfondir les relations avec Moscou pour garantir la sécurité du continent européen. Grâce sans doute à sa force de caractère, à la précarité de la situation politique et économique en Russie et au phénomène de la *political personalization*, Boris Eltsine conserve le soutien de l'Union européenne et des États-Unis, alors que la société civile russe semble de moins en moins convaincue qu'Eltsine est l'homme pouvant guider la Russie dans les nombreuses crises qu'elle traverse.

À la fin de sa présidence, Boris Eltsine aura réussi à construire un nouvel ordre politique et économique, et les relations internationales de la Russie avec les États-Unis et l'Union européenne se sont grandement améliorées. Il échoue toutefois à créer un système étatique fort et à construire une économie de marché stable. L'Union européenne, tout à fait consciente des défis que la Russie doit relever, s'engage, et renouvelle son engagement à plusieurs reprises, à aider le plus efficacement possible son voisin à traverser les épreuves.

Cette importante dichotomie entre l'opinion internationale et l'opinion nationale n'est cependant pas inédite en Russie. Mikhaïl Gorbatchev, le dernier secrétaire général de l'Union soviétique et prédécesseur de Boris Eltsine, bénéficiait aussi d'une popularité plus importante dans le monde que dans son pays. Il a d'ailleurs remporté le Prix Nobel de la paix en 1990 alors même que s'intensifiaient les tensions politiques au sein du Politburo soviétique. Les grandes réformes initiées par les deux hommes pour démocratiser et réformer l'économie et l'appareil politique soviétique ont bénéficié d'une période de lune de miel avant d'être confrontées à une opposition politique de plus en plus vigoureuse. Malgré les succès des deux hommes, lorsqu'ils quittent leur poste respectivement en 1991 et 1999, leur cote de popularité est au plus bas et aujourd'hui encore, les sondages russes témoignent de la persistance d'une grande méfiance à leur égard.

Sophie MARINEAU
Université catholique de Louvain,
Institut d'analyse du changement dans l'histoire et les sociétés contemporaines

Résumés – Abstracts

Cosima Flateau, *Vice-consuls et négociants à Alexandrette : enjeux stratégiques et identitaires (1860-1945)*

RÉSUMÉ. – Alexandrette, petite échelle méditerranéenne de l'Empire ottoman, pourtant éclipsée par des rivales plus importantes (Smyrne, Le Caire, Istanbul), est, à la fin du XIXe siècle, une porte d'entrée et de sortie importante du commerce de l'Empire. Débouché des productions syriennes, irakiennes et anatoliennes vers l'Égypte, l'Europe et les États-Unis, elle est aussi une porte d'entrée majeure des produits manufacturés importés. Aussi Français, Britanniques, Italiens, Allemands se préoccupent-ils d'y intensifier leurs relations économiques en profitant du « décloisonnement du monde » qui s'opère par la voie maritime, et d'y défendre leurs nationaux et leurs protégés. Sur place, leurs intérêts sont incarnés et défendus par une communauté levantine composée de quelques familles d'origine européenne, qui détiennent les vice-consulats de la ville et ont un quasi-monopole sur l'activité de représentation maritime des grandes compagnies desservant le port. Grâce à leur identité à cheval sur l'Europe et l'Empire ottoman, ils défendent les intérêts des puissances européennes tout en n'oubliant jamais leurs propres affaires commerciales ou de famille. Leur histoire permet de saisir les intérêts stratégiques et identitaires que concentre Alexandrette pour les États de la fin du XIXe siècle à celle de la Seconde Guerre mondiale.

Vice-consuls and traders in Alexandrette: strategic and identity issues (1860-1945)

ABSTRACT. – Alexandretta, a small Mediterranean scale of the Ottoman Empire, yet eclipsed by larger rivals (Smyrna, Cairo, Istanbul), was at the end of the 19th century an important entry and exit point for the Empire's trade. An outlet for Syrian, Iraqi and Anatolian production to Egypt, Europe and the United States, it was also a major gateway for imported manufactured products. French, British, Italians and Germans were therefore anxious to intensify their economic relations there, by taking advantage of the « decompartmentalization of the world » operating through the seas, and to defend their nationals and protégés there. On the ground, their interests were embodied and defended by a Levantine community made up of a few families of European origin, who held the vice-consulates of the city and had a virtual monopoly on the activity of maritime representation of the large companies serving the port. Thanks to their identity, straddling Europe and the Ottoman Empire, they defended the interests of European powers whilst never forgetting their own business or family affairs. Their history allows us to grasp the strategic and identity interests that Alexandretta has concentrated together for states, from the end of the 19th century to the end of the Second World War.

Stelios Moraïtis, *Violences, réfugiés et diplomatie humanitaire à Smyrne en contexte de guerre, (septembre 1922)*

RÉSUMÉ. – Par son intensité, la guerre gréco-turque provoque de nombreuses migrations forcées à l'ouest de l'Asie Mineure. L'occupation de Smyrne par l'armée nationale turque en septembre 1922 entraîne une situation d'urgence humanitaire qui touche près de 200 000 réfugiés exposés à une pénurie de ravitaillement, à une multiplication des violences et à la destruction de la ville après l'incendie. Dans ce contexte, la question humanitaire fait l'objet d'enjeux politiques entre les gouvernements. L'intervention des acteurs alliés à Smyrne, désormais restreinte par la victoire de Mustafa Kemal, est alors conditionnée par le degré de coopération qui se met en place et par les acteurs français, dont l'autorité politique et la position permettent de négocier les secours aux réfugiés avec les autorités turques.

Violence, refugees and humanitarian diplomacy in Smyrna in the context of war (September 1922)

ABSTRACT. – Due to its intensity, the Greco-Turkish war provoked forced migrations in the Western Asia Minor. The occupation of Smyrna by the Turkish national army in September 1922 led to a humanitarian emergency affecting nearly 200,000 refugees who were subject to a shortage of supplies, an increase in violence and the destruction of the city after the fire. In this context, the humanitarian issue became a political issue between governments. The intervention of inter-allied actors in Smyrna, now restricted by the victory of Mustafa Kemal, was then conditioned by the degree of cooperation between them and by the French actors, whose political authority and position allowed for the negotiation of help for refugees with the Turkish authorities.

Tanguy de Wilde d'Estmael, *Léopold II, roi des Belges et souverain du Congo : une figure historique confrontée aux mythes mémoriels*

RÉSUMÉ. – Roi des Belges (1865-1909) et souverain de l'État indépendant du Congo (1885-1908), Léopold II a marqué la Belgique de son empreinte et forgé l'intérêt du pays pour l'Afrique centrale. Fondateur de l'assise territoriale de l'actuelle République démocratique du Congo, il a suscité après sa mort une controverse où s'entremêlent une légende dorée et une légende sombre, en raison de la violence qui a caractérisé l'entreprise coloniale. L'objectif de cet article est de resituer le personnage dans son contexte géopolitique du XIXᵉ siècle et dans son action de double chef d'État, à la fois en Belgique et au Congo. Les représentations contemporaines dont Léopold II fait l'objet, notamment dans les arts, sont également passées en revue pour indiquer un écart grandissant entre l'Histoire et la mémoire.

Leopold II, King of the Belgians and founder of the Congo: a historical character facing memorial myths

ABSTRACT. – Leopold II was King of the Belgians (1865-1909) and Head of the independent State of Congo (1885-1908). He greatly influenced the destiny of Belgium in the European arena and forged the country's interest for Central Africa. Celebrated as the founder of the borders of the present Democratic Republic of Congo, he gave rise to controversy after his death, a mixture of both golden and somber legends due to colonial violence. The aim of this article is to place Leopold II in the geopolitical context of the 19th century and to describe his actions as a dual head of state in both Belgium and the Congo. The contemporary representations of Leopold II, particularly in the arts, are also examined to indicate a growing gap between history and memory.

Pauline Cherbonnier, *Le Bureau d'aide militaire à l'armée togolaise. Genèse, composition, missions, scandales*

RÉSUMÉ. – En 1960, quand le Togo accède à l'indépendance, il doit construire son pouvoir militaire. La France continue d'assurer la protection des frontières de la République togolaise, mais ne peut conserver le pouvoir régalien de la défense de l'ancien territoire qui était sous tutelle. Cependant, comme dans d'autres anciennes colonies africaines, elle cherche à conserver un pied dans son « pré-carré », et ne peut envisager de laisser ses anciens territoires construire seuls leur force militaire. Se met donc en place, au cas par cas, une politique d'assistance militaire technique au sein de celle, plus ample, de Coopération. Les bureaux d'aide militaire font pleinement partie de cette politique de soutien à la construction d'un pouvoir militaire national.

The "Bureau d'aide militaire" to the Togolese army. Genesis, composition, missions, scandal

ABSTRACT. – In 1960, when Togo gained independence, its military power had to be built. France continued to ensure the territorial limits of the Togolese Republic, but could not retain the sovereign power of the defence of its former Trust Territory. However, like with other former African colonies, it sought to keep one foot in its « own corner » and could not envisage letting its former territories build their military power alone. Thus, on a case-by-case basis, a technical military assistance policy was set up within the larger cooperation area. Military aid offices were fully part of this policy of supporting the construction of national military power.

Anna Rouffia, *La Basse-Normandie et la Norvège : échecs et réussites d'une diplomatie régionale (1979-2015)*

RÉSUMÉ. – La région normande a été créée en 911 par le traité de Saint-Clair-sur-Epte qui a donné au chef scandinave Rollon le vaste territoire entre la Seine et la mer du Nord. Depuis cette date, le passé nordique de la Normandie a été mythifié et célébré notamment par le mouvement régionaliste. À la fin des années 1970, les liens qui unissent la Normandie et la Scandinavie servent de prétexte à la mise en place de nouvelles formes de coopération, cette fois universitaires, puis culturelles et enfin économiques. La région de Basse-Normandie va alors essayer de mener une diplomatie régionale parfois avec l'appui du Quai d'Orsay, parfois contre sa volonté et sans son aide. Ce travail de recherche a pour but de savoir si, dans un État centralisé comme la France, une région, qui en principe ne dispose pas d'autonomie sur le plan diplomatique, peut néanmoins mettre en place avec succès de réelles pratiques en la matière.

The Lower Normandy region and Norway: failures and successes of a regional diplomacy (1979-2015)

ABSTRACT. – The Normandy region was created by the treaty of Saint-Clair-sur-Epte in 911 which gave the Scandinavian leader Rollon, the vast territory between the Seine and the North Sea. Since that date, Normandy's northern past has been mythologized and celebrated, notably by the regionalist movement. At the end of the 1970s, the links between Normandy and Scandinavia were used as a pretext to set up new forms of cooperation, this time academic, then cultural and finally economic. The region of Lower Normandy then tried to carry out regional diplomacy, sometimes with the support of the Quai d'Orsay, sometimes against its will and without its help. The aim of this research is to establish whether in a centralized state like France, a region which in principle has no autonomy on a diplomatic level can nevertheless successfully implement real diplomatic practices.

Sergio Molina García, *La pêche et la construction européenne : l'Espagne, la France et les négociations d'adhésion (1977-1982)*

RÉSUMÉ. – Cet article traite des relations entre la France et l'Espagne en matière de pêche entre 1977 et 1982. Son objectif principal est de déterminer leur influence sur le projet européen, l'analyse étant centrée sur les discussions bilatérales des années 1970 et 1980 entre les deux pays, une période cruciale pour la formation des institutions européennes. Cette contribution, qui s'inscrit dans la lignée des *Études européennes*, porte à la fois sur les difficultés d'articulation entre les intérêts des États membres de la CEE et sur la transition démocratique espagnole, ce qui l'éloigne de la *success story* répandue durant des décennies dans l'Europe d'après-guerre. Les négociations sur la pêche avant l'adhésion de l'Espagne, ainsi que celles portant sur l'agriculture, ont fait de la relation entre Paris et Madrid un élément clé du déblocage de l'accord sur la candidature espagnole à l'entrée dans la CEE.

Fisheries and the construction of Europe: Spain, France and the accession negotiations (1977-1982)

ABSTRACT. – This article deals with the relations between France and Spain in terms of fisheries between 1977 and 1982. Its main objective is to determine their influence on the European project, the analysis being centred on the bilateral discussions of the 1970s and 1980s between the two countries, a crucial period for the formation of European institutions. This contribution, which in line with European Studies, deals both with the difficult articulation between the interests of the Member States of the EEC, and with the Spanish democratic transition, which distances it from the success story spread for decades in postwar Europe. Negotiations on fisheries before Spain's accession, as well as those on agriculture, made the relationship between Paris and Madrid a key element in unblocking the agreement on Spain's application to join the EEC.

Sophie Marineau, *Évolutions du soutien national et international à Boris Eltsine (1992-1999)*

RÉSUMÉ. – En septembre 1991, quelques semaines seulement après le putsch manqué de Moscou, la cote de popularité du président Eltsine dépassait les 80 %. Or, ce soutien national décroît rapidement. Et lorsqu'Eltsine quitte son poste à la fin de l'année 1999, c'est seulement 8 % des Russes qui ont encore confiance en ses capacités de président. Au cours de cette même période, la Russie entretient des relations de plus en plus étroites avec la Communauté européenne, puis avec l'Union européenne, et Boris Eltsine se positionne comme l'homme pouvant guider efficacement la Russie à travers les nombreuses réformes démocratiques et économiques qui se dressent sur son chemin. Cet article s'intéresse à cette dichotomie entre le soutien national et international à Boris Eltsine, en s'appuyant principalement sur les débats et les votes du parlement européen entre 1992 et 1999, ainsi que sur de nombreux sondages réalisés auprès de la population russe au cours de la même période.

Evolution of national and international support for Boris Yeltsin (1992-1999)

ABSTRACT. – In September 1991, only a few weeks after the failed putsch in Moscow, President Yeltsin's popularity rating was over 80%. However, this national support decreased rapidly. When Yeltsin left office at the end of 1999, only 8% of Russians still had confidence in his abilities as president. During this same period, Russia's relations with the European Community (EC) and later the European Union (EU) were growing closer, and Boris Yeltsin positioned himself as the man who could effectively lead Russia through the many democratic and economic reforms that lay ahead. This article examines the dichotomy between domestic and international support for Boris Yeltsin, relying primarily on debates and votes in the European Parliament between 1992 and 1999, as well as on numerous surveys conducted among the Russian population over the same period.

Notes de lecture

Maurice VAÏSSE (dir.), *Léon Bourgeois et la paix*, Paris, CTHS, 2022, 198 p.

De façon quelque peu contradictoire, on dit de Léon Bourgeois (1851-1925) qu'il est incontournable et pourtant oublié. Le centenaire de l'attribution du prix Nobel de la Paix à Léon Bourgeois en 1920 aurait été l'occasion de s'intéresser davantage à la pensée et à l'action de cet homme politique hors du commun. Si le colloque prévu en 2020 a été victime de la pandémie, les contributions préparées pour l'occasion sont désormais disponibles et accessibles dans cet ouvrage dirigé par Maurice Vaïsse, préfacé par Jean-Yves Le Drian et introduit par Jean-Louis Debré. Ce rafraîchissement de la mémoire de Bourgeois a été soutenu par la ville de Châlons-en-Champagne, où celui-ci a effectué sa carrière préfectorale et surtout électorale. La Champagne et la ville de Châlons peuvent voir en lui l'un de leurs fils. La postérité de Bourgeois dans la mémoire collective, qui varie considérablement d'une région à l'autre, est d'ailleurs analysée dans une contribution de Xavier Desbrosse sur la base des noms de rues et d'écoles. Il en ressort que la France cléricale et conservatrice se tenait plutôt à distance, tandis que la France laïque et libérale exprimait un certain attachement au personnage.

Dans plusieurs contributions, l'analyse de la conception centrale de Bourgeois, selon laquelle la paix doit être assurée par le droit et la « diplomatie de la force » remplacée par la « diplomatie du droit », occupe une large place. Dans une perspective d'histoire des idées, Caroline Tixier examine les différentes composantes de la vision de la paix de Bourgeois et identifie le libéralisme socialisant et le solidarisme contractuel comme des catégories centrales. Comme on pouvait s'y attendre, une contribution est consacrée à l'action de Bourgeois lors des deux conférences de La Haye de 1899 et 1907 et à la Société des Nations depuis 1920. Stanislas Jeannesson montre comment Bourgeois a fait du tribunal arbitral, qui lui tenait à cœur, un point prioritaire de ces conférences. « La Haye » apparaît comme le point de départ du multilatéralisme moderne, qui conduira plus tard à la SDN et à l'ONU. Ce qui est nouveau, c'est l'organisation, à la différence du bilatéralisme classique, des échanges diplomatiques avec l'implication d'experts de différentes disciplines ; ce qui est nouveau également, c'est la pratique de la négociation, qui vise à obtenir des majorités, comme au Parlement, en impliquant aussi les petits États de rang subalterne ; et ce qui est nouveau enfin, c'est toute la communication entre ces différents acteurs.

Jean-Michel Guieu reprend la conception défendue par Bourgeois dès l'époque des conférences de La Haye, selon laquelle la « diplomatie de la force » doit être remplacée par la « diplomatie du droit », et examine les attitudes concrètes de Bourgeois dans les conflits des années 1900-1914. Dans cet article, comme dans d'autres, il souligne combien il est inexact de caractériser Bourgeois comme étant un idéaliste naïf et rêveur. Bourgeois travaillait certes à ce que le concert des grandes puissances, qui reposait sur un équilibre de la violence, soit dépassé et remplacé par une « société de nations civilisées ». Son idéalisme réaliste partait cependant du principe que cela ne pourrait se réaliser que dans un processus de longue durée (« d'une œuvre de lente éducation des nations et des gouvernements »). Mais il faut aussi noter qu'en 1900, à l'occasion de la soi-disant « révolte des Boxers », Bourgeois a dénié à la Chine tout caractère civilisé d'une manière qui était bien en phase avec les préjugés coloniaux de l'époque (p. 45). Lors de la guerre des Boers, il s'est opposé à l'appel à une solution arbitrale, invoquant pour argument qu'on ne peut appliquer une procédure qui n'a pas encore été créée. Néanmoins, il a pu provoquer ponctuellement des arbitrages ou s'en féliciter en tant que personne non directement impliquée. Face à l'Allemagne, Bourgeois poursuivit, lorsque cela lui semblait nécessaire, une politique traditionnelle d'alliance particulière entre la France et la Grande-Bretagne, comme lors de la conférence d'Algésiras (1906), ou de renforcement militaire avec l'introduction du service obligatoire de trois ans (1913-1914). Pour lui, le désarmement n'était pas un préalable à un nouvel ordre, mais une conséquence. Et l'attitude de Bourgeois en face de la troisième conférence de La Haye prévue pour 1915 montre que, malgré l'internationalisation croissante de l'espace mondial, il défendait le maintien des souverainetés nationales et ne préconisait pas un « Parlement de l'humanité » indépendant des gouvernements. Lorsqu'éclate la guerre en 1914, il se prononce en faveur d'une « guerre de droit » et considère la victoire espérée comme un point de départ pour la création d'un ordre multilatéral solidement fondé sur le principe du droit.

Christine Manigand atteste du « leadership » de Bourgeois au sein de la SDN et estime que le représentant de la France pouvait agir en grande partie indépendamment des institutions parisiennes (Quai d'Orsay, Présidence du Conseil, Élysée). Il est clair que Bourgeois ne se considérait pas comme le destinataire d'instructions (du gouvernement ou du parlement) et qu'il estimait important de pouvoir s'adresser à la société civile pour l'éclairer sur les choix politiques. Il reste à savoir si et dans quelle mesure le maintien et la défense des principes de la Société des Nations et la représentation des intérêts nationaux français entraient en conflit. Un regard plus large situe Bourgeois par rapport à d'autres dirigeants, à savoir Raymond Poincaré (John Keiger), Georges Clemenceau (Samuel Tomei) et Aristide Briand (Christophe Bellon) ainsi que Woodrow Wilson (Carl Bouchard).

Les contributions ne se contentent pas de récapituler ce qui est connu, notamment à travers la biographie de Marc Sorlot publiée en 2005. Comme le souligne Maurice Vaïsse, éditeur avisé de cet ouvrage qui comporte des résumés facilement accessibles et un index, les contributions permettront de réévaluer l'engagement de cet homme politique hors du commun. L'aperçu que Clément Noual donne des papiers de Bourgeois conservés aux Archives diplomatiques peut être une aide utile à cet égard. Dès lors, comme le montre cet ouvrage, l'étude vaut d'être poursuivie. Il ne s'agit pas seulement de faire revivre l'ancienne image de Léon Bourgeois et de ses accomplissements : on peut aussi se poser directement la question de savoir en quoi consiste la soi-disant actualité de positions déjà défendues il y a plus de cent ans. De même que les individus sont tenus à des obligations de solidarité à l'intérieur de l'État, les États doivent, dans l'esprit du pacifisme, contracter des obligations réciproques sans pour autant renoncer à leur souveraineté. L'interdépendance entre les rapports sociaux internes des États et les rapports interétatiques doivent toujours nous intéresser, tant sur le plan de la pratique politique que sur celui de la réflexion théorique.

Georg KREIS
Université de Bâle

Lorena DE VITA, *Israelpolitik: German–Israeli Relations, 1949–1969*, Manchester, Manchester University Press, 2020, 237 p.

Alors que l'on commémore les soixante-dix ans de l'accord de réparation entre la RFA et Israël, la bibliographie des relations germano-israéliennes ne cesse de s'enrichir. L'ouvrage de Lorena De Vita, issu de sa thèse de doctorat, ressort d'une approche classique de l'histoire des relations internationales[1]. Alors que jusqu'à présent s'imposait une distinction entre les études – nombreuses – des relations entre la RFA et Israël et celles, plus rares, sur le rapport entre la RDA et l'État juif, l'auteure entreprend d'établir une histoire commune de ces relations dans les deux premières décennies des États allemands. Elle revendique un retour à nouveaux frais sur cette constellation, en s'appuyant notamment sur des archives récemment déclassifiées. L. De Vita décrit ces relations sur fond de guerre froide et de son intégration dans le contexte moyen-oriental, prenant notamment ses distances avec des études moralisantes, intéressantes théoriquement, mais contestables dans leurs conclusions. Pour ce faire elle établit trois séquences temporelles.

Le récit des premières approches germano-israéliennes revient sur les démarches inédites permettant la négociation d'un accord de réparations également inédit, conclu le 10 septembre 1952, et sur le rôle de personnages clés, qui s'expriment et prennent des décisions à des moments cruciaux. Il s'agit d'une première étape où s'installe la différence entre une RFA bienveillante et une RDA réticente à toute idée de réparations, elle-même peu au fait des sondages israéliens non relayés par le parrain soviétique. Très rapidement se manifeste aussi l'ingérence des États arabes, soucieux d'éviter qu'Israël ne profite d'une aide économique majeure, alors même que les Palestiniens demeurent dans le besoin. Si Bonn sait écarter ce chantage durant cette période, une sensibilité à la pression arabe se développe néanmoins dans les cercles dirigeants ouest-allemands L'Allemagne de l'Est sait l'instrumentaliser, elle qui s'aligne sur la campagne antisioniste communiste du début des années 1950. L'auteure livre un état des lieux au milieu de la décennie : la proposition israélienne à la RFA de relations diplomatiques, et le refus ouest-allemand pour ne pas voir les États arabes reconnaître la RDA au nom de la doctrine Hallstein. Tandis que les efforts est-allemands en direction des Arabes ne récoltent guère de fruits, ceux-là comprennent que la RFA est un partenaire bien plus intéressant que Berlin-Est. Le milieu des années 1950 marque la fin de fugaces contacts israélo-Allemagne de l'Est, menés à Moscou mais qui restent sans suite.

---

1. C'est aussi le cas d'un autre ouvrage récent : Daniel Marwiecki, *Germany and Israel. White washing and State building*, Londres, Hurst and Company, 2020.

La période suivante consacre le *statu quo* : pas de relations officielles entre Bonn et Tel Aviv, et un souci ouest-allemand de préserver des relations avec les États arabes, notamment l'Égypte de Nasser, fer de lance des non-alignés qui sont étroitement travaillés par les Soviétiques, critiques à l'égard de l'appui ouest-allemand à Israël. Le raidissement arabe ne profite toujours pas à l'État communiste allemand. Celui-ci fait feu de tout bois contre la RFA et Israël, États « impérialistes », tandis que Bonn se maintient aux côtés de Tel Aviv, alors que même les Américains délaissent l'État hébreu dans la crise de Suez, envisageant un embargo, non suivi par la RFA. Cet appui prend alors des formes secrètes, avec d'étroites relations militaires, dont même les diplomates ouest-allemands n'ont pas connaissance, eux qui réfutent, en toute bonne foi, les accusations est-allemandes dirigées contre leur pays. Cette période est également marquée par l'accroissement de relations *de facto* entre la RFA et Israël, sous la houlette de la mission israélienne de Cologne : représentation au départ commerciale, dans les faits un consulat officieux, elle préside à la mise en place de rapports très étroits, y compris entre les sociétés civiles. Mais aucune avancée diplomatique n'a lieu, en dépit des demandes israéliennes réitérées. La RFA ayant à cœur d'améliorer son image, écornée par des incidents antisémites qui marquent son territoire au tournant de 1959 et de 1960, Adenauer promet une aide économique et militaire importante à Israël lors de sa fameuse rencontre avec Ben Gourion le 12 mars 1960 à New York [2]. De même, Bonn est très soucieux d'assister Israël au moment du procès Eichmann, et d'éviter, lors de ses débats, tout ce qui pourrait assimiler la RFA au régime nazi.

Pour sa part, la reconfiguration du Moyen-Orient consécutive à la crise de Suez, avec la création de République Arabe Unie (RAU) et l'émergence d'une représentation palestinienne en propre (OLP, 1964), pousse la RDA à un plus grand activisme en direction des États arabes et contre Israël. Berlin-Est souhaite manipuler le procès Eichmann pour en faire le procès de Bonn, en vain toutefois. Mais la RDA, qui ne recule pas devant ses propres contradictions (pointant du doigt une imprégnation nazie de l'Allemagne de l'Ouest tout en pratiquant au jour le jour une politique antisioniste aux relents antisémites), n'a décidément pas gain de cause : elle échoue à détourner les Israéliens de la RFA.

La troisième et dernière phase est d'abord marquée par des relations *de facto* du point de vue économique et militaire, d'une ampleur inédite. Une crise s'installe certes dans les relations entre la RFA et Israël : affaires des experts ouest-allemands en balistique installés au Caire, révélation des livraisons d'armes ouest-allemandes à Israël et annonce de leur cessation sous la pression arabe. La RDA, qui veut profiter, reprend contact avec Israël via des pays tiers et rencontre enfin un certain écho auprès des États arabes (invitation d'Ulbricht et ouverture d'un consulat est-allemand au Caire). Mais c'est cette accumulation de tensions qui permet aux responsables de part et d'autre de sauter le pas et de procéder à la normalisation des relations : c'est le Chancelier Ludwig Erhard, successeur d'Adenauer, qui propose au successeur de Ben Gourion, Lévi Eshkol, l'échange d'ambassadeurs en mai 1965. Si les États arabes rompent alors avec Bonn, Berlin-Est n'en récupère pas de vrais bénéfices, ni politiques, ni surtout commerciaux.

Les dernières années sont celles de la mise en place, délicate, des relations *de jure* entre la RFA et Israël. Là encore, les tentatives de la RDA d'enfoncer le

---

2. À propos de la relation entre ces deux personnages : Michael Borchard, *Eine unmögliche Freundschaft-David Ben Gurion und Konrad Adenauer*, Fribourg, Herder, 2020.

coin entre Bonn et les États arabes ne mènent pas à grand-chose, ces derniers étant conscients de leurs véritables intérêts. Si la guerre des Six-Jours met à mal l'image d'Israël, et par contrecoup déstabilise son soutien ouest-allemand, le pragmatisme de la Grande coalition de Bonn, qui entreprend son Ostpolitik et fait montre de bonne volonté envers les Arabes et les Palestiniens, déjoue les dernières manœuvres est-allemandes, et permet de sortir des blocages antérieurs.

En procédant ainsi de façon comparée, et le lecteur lui en sait gré, De Vita évite les redites. Son écriture très anglo-saxonne, agréable à lire, analyse un héritage et une gestion du passé nazi qui conduit à deux positions inversées, dans une relation en miroir qui oppose chacun des deux États allemands à son *alter ego* et à l'autre camp en général. Elle démontre l'interaction précoce entre facteurs globaux (guerre froide) et locaux (conflit israélo-arabe), et souligne le maintien d'une certaine liberté d'action de la part des deux États allemands, quelquefois au grand dam de leurs parrains respectifs.

Cela étant dit, l'on peut s'interroger sur les apports réels de l'ouvrage : les archives nouvelles confortent pour la plupart des faits déjà connus et l'aspiration de l'auteure à réinterroger l'historiographie tombe quelque peu à plat, hormis de rares nouvelles suggestions. Que la guerre froide s'impose et pèse sur les relations germano-israéliennes est une réalité déjà notée depuis longtemps. Et, à ce titre, on pourra relever des lacunes historiographiques pourtant étroitement liées à son approche [3]. Outre quelques approximations chronologiques, on peut noter plusieurs erreurs : le désormais très célèbre procureur de Hesse, Fritz Bauer, héros du film *Le labyrinthe du silence*, n'a jamais dirigé l'officine ouest-allemande en charge de la poursuite des criminels nazis (p. 135) ; et Hitler n'a jamais lancé un quelconque appel au *djihad* (p. 209). Enfin, l'effort de comparaison aurait pu porter sur le personnel diplomatique des deux États allemands, incarnation et moteur des politiques extérieures respectives : si l'on en sait beaucoup sur les diplomates ouest-allemands, souvent pointés du doigt, les arabisants, avec leurs habitudes pro-arabes et anti-juives/anti-israéliennes, sont-ils seulement actifs à l'Ouest ? Ne seraient-ils pas également présents à l'Est, dans une RDA qui a également su recycler des fonctionnaires issus du IIIe Reich ?

Dominique TRIMBUR

Ostap KUSHNIR (dir.), *The Intermarium as the Polish-Ukrainian Linchpin of Baltic-Black Sea Cooperation*, Newcastle-upon-Tyne, Cambridge Publishing Scholar, 2019, 222 p.

Aussi riche et complexe qu'il puisse être malgré son aspect fragmentaire, le concept d'union Baltique-Mer Noire – plus connu sous le nom d'*Intermarium* – n'a que très peu attiré l'attention de la communauté scientifique, et cela en dépit de sa récente résurgence au sein de la diplomatie polonaise. En effet, quand il ne se prête pas à de rares monographies isolées ou à des articles restreints aux seules ambitions géopolitiques de l'extrême droite ukrainienne, l'*Intermarium* n'est autre que le pur produit d'une inflation sémantique bercée d'illusions romantiques. Employé à tort et à travers sous différentes latitudes pour désigner toute tentative de coopération interétatique en Europe centrale et orientale, ce

---

3. En particulier : Jakob S. Eder, *Holocaust angst: The Federal Republic of Germany and American Holocaust memory since the 1970s*, Oxford, Oxford University Press, 2016.

concept relève ainsi d'idées reçues que le présent ouvrage entend démystifier. Publié à l'issue d'une conférence tenue en juillet 2017 à l'Université Lazarski, *The Intermarium as the Polish-Ukrainian Linchpin of Baltic-Black Sea Cooperation* rassemble, sous le patronage d'Ostap Kushnir, une série de contributions se donnant pour tâche de combler les lacunes académiques sur le sujet.

La focale de l'ouvrage semble aller de soi au regard de cette ambition. S'intéresser au « pivot » polono-ukrainien de l'*Intermarium*, ne signifie pas seulement revenir sur une évidence conceptuelle : il s'agit de bâtir un promontoire depuis lequel le lecteur pourra observer sur le temps long toute une série d'enjeux historiographiques, épistémologiques et géopolitiques autour de la notion d'Europe centrale et orientale. En ce sens, le choix d'accorder à l'Ukraine une place centrale dans l'ouvrage se trouve pleinement justifié. Par sa position médiane à cheval entre l'Europe et la Russie, l'Ukraine est soumise à la même « mystique du centre » qui a transformé au cours de l'histoire l'argument géographique et symbolique de l'Europe centrale et orientale en instrument de domination stratégique. Nous pouvons dès lors comprendre que ce pays ait occupé un rôle tout aussi important que la Pologne dans les différentes variantes de l'*Intermarium*, allant même jusqu'à proposer son propre modèle.

Pour comprendre l'émergence et l'évolution de l'*Intermarium*, il est nécessaire de le replacer dans les perceptions des confins orientaux de l'Europe dépeints par les stratèges et précurseurs de la géopolitique à l'orée du XXe siècle. En effet, comme le démontre Daria Nałęcz dans le premier chapitre, l'idée de bâtir une union entre les États d'Europe centrale et orientale a d'abord reposé sur la quête d'une stabilité. Les Empires germaniques ont pu imaginer que les marges du continent serviraient, dans le cadre de la *Mitteleuropa*, de rempart face à la Russie tsariste, mais c'est à la Pologne que revient pourtant la paternité de cette entreprise, dès 1892. On retiendra avant tout la composante on ne peut plus pragmatique de ce projet qui vise, vers 1920, à bâtir à partir de la Pologne ressuscitée et de ses anciens *krezy* un « cordon sanitaire » autour de la Russie bolchévique et de l'Allemagne vaincue. Cependant, l'auteur rappelle à juste titre que ce projet n'est pas dénué d'idéalisme. Opposée aux notions d'« empire » et de « despotisme », auxquelles elle oppose le principe de « civilisation », la doctrine du « prométhéisme » sous-tendue par la confédération *Międzymorze* du maréchal polonais Jozef Piłsudski entendait conforter l'idée que l'Europe centrale et orientale ne représentait plus un simple espace de projection impérialiste, mais bien une entité géographique autonome construite sur la base de relations équitables. Resté inachevé en dépit des réorientations successives survenues au cours des années 1930, le projet *Intermarium* demeura jusqu'aux années 1990, pour l'opposition démocratique polonaise, une option stratégique régionale crédible avant d'être abandonnée au profit des projets européens et otaniens plus aboutis.

Au-delà de l'affirmation théorique d'une unicité de l'espace Baltique-Mer Noire sur la base d'un impératif sécuritaire polonais, la stratégie de l'*Intermarium* trouve également toute son épaisseur conceptuelle en Ukraine. Le chapitre proposé par Volodymyr Poltorak rend ainsi compte de la participation des géographes ukrainiens à la conceptualisation de cette union à rebours des Polonais. Là où la *Reczpospolita* du XVIIIe siècle peut être considérée par certains intellectuels comme le principal marqueur d'une identité régionale commune, les spécificités historiques et géographiques de l'Ukraine nourrissent un tout autre discours. Aussi bien développée par des figures comme Mykhailo Drahomanov, Mykhaïlo Hrouchevsky ou Youry Lypa, cette approche s'appuie sur le rôle de la

Rous' de Kyiv comme force « européanisante », mais également sur la nature « anti-impériale » et stratégique de l'axe nord-sud Baltique-Mer Noire. Faisant preuve d'originalité en résumant l'histoire de la pensée géographique et géopolitique ukrainienne, le chapitre montre comment l'*Intermarium* ukrainien est pensée comme une « Troisième voie » devant extraire l'Ukraine de la dualité « occidentaliste/slavisante ».

Si l'*Intermarium* semble montrer qu'il existe de véritables sentiments et intérêts communs entre l'Ukraine et la Pologne, la contribution d'Ostap Kushnir avance le contraire. À partir du passage en revue de l'historiographie existante sur le concept d'Europe centrale et orientale, l'auteur argue que l'*Intermarium* n'est qu'un terme artificiel utilisé par les historiens pour regrouper dans un même *continuum* des ambitions géopolitiques antagonistes ne pouvant être bornées à leur seule et prétendue unicité géographique. Au fil de ces considérations épistémologiques, le lecteur pourra constater que les opportunités de voir naître une telle union à l'échelle de la Pologne et l'Ukraine sont bien minces. Loin d'être sans appel, la conclusion d'Ostap Kushnir reste toutefois nuancée lorsqu'il s'agit de parcourir le chapitre qui suit. En effet, et même s'il ne peut donner lieu à une intégration régionale étendue, le pivot polono-ukrainien demeure une option stratégique bilatérale crédible et surtout active ; ce dont témoigne Kateryna Pryshchepa en relevant l'ensemble des domaines de coopération apparus au cours des années 2010.

Beaucoup plus prospectifs, les derniers chapitres signés par Maksym Bugriy et Tomasz Napiorkowski interrogent la pertinence de l'*Intermarium* en tant que réponse à une nouvelle conjoncture sécuritaire et économique. Par son statut de puissance centrale au fort potentiel économique et géopolitique reconnu, la Pologne souhaite un ordre régional stable qui lui permettrait de se développer en toute sécurité et de ne plus être impactée par son voisin russe. Le volet militaire du pivot polono-ukrainien part ainsi de la volonté de renforcer les liens préexistants avec les pays menacés par l'impérialisme russe, Ukraine en tête. Certes, quelques initiatives comme la brigade régionale LITPOLUKBRIG ont modestement posé les premiers jalons d'une coopération supplétive de l'OTAN dans la région, sans toutefois constituer un cadre suffisant pour pouvoir considérer le partenariat Varsovie-Kyiv comme une véritable alliance défensive. Si l'espace économique borné par l'*Intermarium* est de toute évidence un espace fragilisé par sa longue convalescence pendant la transition post-communiste, celui-ci pourrait toutefois se révéler bénéfique pour les échanges commerciaux ukrainiens. Mettant en exergue l'inexactitude de cette affirmation, le dernier chapitre prouve que le commerce dans le strict espace Baltique-Mer Noire ne pourrait assurer à l'Ukraine qu'un saut qualitatif et quantitatif limité de ses échanges, contrairement à une intégration plus poussée au sein de l'Union européenne et de ses marchés.

Soumis à des antagonismes pluriels illustrant le basculement progressif de l'ordre mondial vers un monde multipolaire, sinon apolaire, dominé par des conflits et des représentations plurielles, l'Europe centrale et orientale se veut aujourd'hui la caisse de résonance de nouvelles exigences sécuritaires et diplomatiques. La crise ukrainienne de 2014 et l'affirmation de la Pologne balisent en particulier ces nouveaux rapports de force et recomposition d'alliances à l'échelle des confins orientaux du vieux continent. Emboîtant le pas à cette actualité, *The Intermarium as the Polish-Ukrainian Linchpin of Baltic-Black Sea Cooperation* offre une mise au point plus que nécessaire en explicitant les mécanismes discursifs, mythologiques et stratégiques, qui ont motivé l'instauration d'une telle « union » géopolitique à l'Est du continent européen, des années 1920 à nos jours. Bien que nous puissions partiellement regretter sa conclusion qui laisse entendre que le débat sur l'*Intermarium* en tant que tel est désormais clos, ce livre ouvre cependant plusieurs perspectives plus que prometteuses en matière de recherches périphériques, que ce soit en abordant les ressorts des coopérations régionales ou les nécessaires stratégies de transition vers de nouveaux ordres sécuritaires et culturels en Ukraine. Cet ouvrage gagnera plus que jamais à être lu.

Adrien NONJON
CREE (INALCO) / George Washington University

Francesca FAURI, Debora MANTOVANI et Donatella STRANGIO, *Economic and Social Perspectives on European Migration*, Londres, Routledge, 2021, 235 p.

La politique migratoire dans l'Union européenne (UE) a été marquée en 2015 par l'afflux soudain des Syriens, Irakiens et Afghans fuyant leurs pays en guerre. Cette situation a particulièrement mis en lumière le fait que chaque pays membre de l'UE conserve sa souveraineté en matière d'immigration, sur la base de quelques règles communes définies auparavant. Depuis cette date, l'UE tente de trouver un *modus vivendi* qui puisse mieux respecter les principes humains de base et les impératifs de chaque pays membre. En septembre 2020, elle a ainsi proposé un nouveau Pacte sur la migration et l'asile, qui détaille des procédures plus rapides ainsi que de nouvelles options fondées sur le principe de solidarité.

Indépendamment de cet épisode majeur de déplacement de populations, le mouvement migratoire d'Européens, que ce soit au sein de l'UE et hors d'elle, n'est pas une question nouvelle. Après la Seconde Guerre mondiale, l'Italie, le Portugal et l'Espagne ont été des terres d'émigration. Depuis la chute du mur de Berlin, certains pays de l'Europe de l'Est le sont devenus à leur tour, comme la Pologne, la Hongrie, la Roumanie et la Bulgarie. Cette immigration proprement européenne relève du point de vue juridique de la libre circulation des travailleurs et des citoyens européens au sein de l'Union, et elle pose la question du marché de l'emploi, de la formation, des études, de l'intégration, ainsi que la question des choix politiques du pays d'accueil. Depuis la crise de 2008-2009 qui a vu l'économie de certains pays membres s'effondrer, la Grèce, et de nouveau l'Espagne, l'Italie et le Portugal ont connu un fort mouvement d'émigration au sein de l'UE comme à l'extérieur de l'UE. Puis, le Brexit a mis en lumière l'importance de cette migration européenne dont dépendaient de nombreux secteurs économiques de la Grande-Bretagne, puisqu'un citoyen européen travaillant outre-Manche doit désormais choisir entre revenir dans l'Union européenne, devenir un étranger sur le sol britannique, ou encore faire une demande de nationalité britannique.

La politique migratoire de l'Union européenne est un thème qui renouvelle l'histoire des relations internationales, dans la mesure où elle relève des conditions démographiques, des facteurs économiques et sociaux, de décisions prises par les acteurs économiques et politiques, mais aussi du sentiment national. Ces forces profondes déterminent alors les relations, ici entre chaque État membre de l'Union européenne, jusqu'à parfois provoquer des conflits, des crises dès lors que cette migration est remise en cause par les circonstances et qu'elle est considérée comme un fardeau par la population elle-même.

L'ouvrage collectif de Francesca Fauri, Debora Mantovani et Donatella Strangio s'interroge précisément sur les deux courants migratoires que connaît l'UE. Les deux premières auteures sont des historiennes économistes de l'Université de Bologne et la troisième est une sociologue de l'Université de Rome. Elles ont retenu les contributions du volume parmi celles qui avaient été présentées à la Conférence Internationale sur « Migration from, to and within Europe: Economic and Social Opportunities and Costs », au Campus de Forlì de l'Université de Bologne en juin 2019. Comment s'envisage l'intégration des immigrés qu'ils soient Européens ou non au sein de l'UE ? Comment est évalué l'impact de l'immigration au niveau économique et social ? À travers des études de cas concrets, il s'agit de proposer une vue d'ensemble grâce à la méthode interdisciplinaire (histoire économique, sociologie et démographie).

L'ouvrage se présente en trois parties : la première étudie les tensions entre les migrants et leur processus d'intégration dans le pays d'accueil, qui se trouve influencé par le niveau de leur qualification et aussi par l'attitude de la population locale ; la deuxième analyse l'impact de la migration sur les structures économiques du pays d'accueil ; la troisième explore l'intégration socio-économique des immigrés.

En guise d'introduction, Helena Winiarska de la Commission européenne rappelle le principe que la présidente de la Commission européenne, Ursula von der Leyen, a énoncé en 2019 : « L'immigration est là pour rester ». Elle retrace les réalisations de l'UE pour faciliter l'insertion des immigrés en provenance des pays tiers, ce qui permet d'avoir un bon aperçu de la politique européenne.

Dans l'ensemble, les études de cas retenues confirment que l'immigration est nécessaire dans la mesure où des pays membres recrutent des travailleurs considérés comme essentiels, qualifiés ou non, c'est-à-dire occupant des emplois en général désertés par les citoyens du pays d'accueil (les exemples choisis sont la Hongrie et le Portugal). De même, cette immigration donne l'opportunité au pays d'accueil de dynamiser son économie et aussi celui du pays d'origine. Les exemples choisis sont l'entrepreneuriat et les initiatives pour lever des fonds pour les Chinois, les Maghrébins et les Philippins. Quant au système des retraites, l'immigration permet de le maintenir viable, et cela d'autant plus quand le pays d'accueil connaît un déficit de natalité, comme l'Italie. Les enfants d'immigrés s'intègrent plus facilement et obtiennent un meilleur emploi que leurs parents si l'éducation scolaire s'avère plus souple, comme en Grande-Bretagne et en Suède, alors qu'en Allemagne et aux Pays-Bas, elle ne donne pas forcément une meilleure qualification que leurs parents.

En cela, cet ouvrage permet de soulever la question d'une politique migratoire nationale et européenne : devrait-elle être ajustée à la demande en emplois essentiels et/ou qualifiés dans certains secteurs ? Ou bien pourrait-elle être appliquée à toute personne en difficulté à cause d'une guerre, d'une crise, d'une famine, d'une discrimination, d'un manque de travail dans son pays d'origine ? Il aurait été intéressant de donner des chiffres. D'après l'EUROSTAT, en 2020, les citoyens hors de l'UE représentent 5,1 % de la population totale de l'UE, et environ 8,2 % sont nés hors de l'UE. Les travailleurs venant de l'extérieur de l'UE représentent 4,6 % du total de la population de l'UE en âge de travailler de 20 à 64 ans. Mais cette immigration est davantage ressentie par les pays qui sont en première ligne. Chypre, Malte et la Grèce ont enregistré en 2020 le plus grand nombre de premières demandes d'asile par rapport à leur population. Cette situation mériterait qu'on s'y intéresse aussi. Quant à l'immigration proprement européenne (nette totale), en 2019, elle représente 1,5 million de personnes. Et qu'en est-il des travailleurs détachés, autre sujet de friction entre les pays membres ? Espérons que cet ouvrage suscite d'autres études de cas, pour que l'on puisse se former une idée plus précise de la politique migratoire, devenue un thème majeur, sinon un enjeu vital, pour les politiques nationales des pays membres de l'UE.

Régine PERRON
CY Cergy Paris Université

Cet ouvrage a été mis en pages par

<pixellence>

ISBN 978-2-13-083504-2 – ISSN N° 0335-2013
Dépôt légal : juillet 2022

Revue éditée par Humensis
© PUF/Humensis, 2022
170 bis, boulevard du Montparnasse, 75014 Paris

Imprimé en France sur papiers
issus de forêts gérées durablement

Sepec Numérique

1, rue de Prony - ZA des Bruyères
01960 Peronnas

Achevé d'imprimer en juillet 2022
Numéro d'impression : N17932220550